富裕層のバレない脱税

「タックスヘイブン」から「脱税支援業者」まで

佐藤弘幸 Sato Hiroyuki

NHK出版新書
526

「死と税金以外、この世で確かなことはなにもない」

ベンジャミン・フランクリン

富裕層のバレない脱税――「タックス・ヘイブン」から「脱税支援業者」まで　目次

序章　なぜ人は脱税するのか？

ある「税金教室」から

私の子供が通う小学校では、6年生の3学期になると社会学習の一環として、子供たちの親の職業紹介を、実際に親自身がプレゼンするという形式で、授業を行っている。長男が6年生のときに私もその授業に参加することになり、職業が税理士ということで「税金教室」というプレゼンをすることになった。

ちなみに「納税義務」という言葉は小学生でも知っている。みなさんもご存じのとおり、憲法には次のような条文がある。

「国民は、法律の定めるところにより、納税の義務を負ふ」（日本国憲法第30条）

とはいえ、小学生に難解な「納税義務の意義」を教えるわけにはいかない。授業では難しい話をしてもしようがないので、身近な話題を用いて、イラストを多く使うことにより、興味を持ってしっかり聞いてもらうことに配意した。

事前に授業で使う説明資料を作成しながら、気づいたことが一つある。当たり前のことながら税金の大切さだ。大変お恥ずかしい話だが、今さらながら「へぇ、こんな使われ方しているんだな」と税金の重要性を再認識した。

ところで、みなさんはご存じないかもしれないが、税務署や税理士会でも「租税教室」と称して、税金の大切さを伝えるイベントを定期的に開催している。なぜ租税教室をしているのか？　それはほかならぬ「未来の納税者」となる学生のみなさんに、税の意義や役割を正しく理解してもらい、税に対する理解が広がっていくことを期待しているからだ。つまり「正しい申告・納税をする人」になってくださいという趣旨である。

小学校での私の「税金教室」プレゼンも、その点を踏まえながら作ることにした。

国税局資料調査課《リョウチョウ》とは？

具体的には、次のような内容で小学校での税金教室の授業を進めた。

- 税金はなぜ必要なの？
- どうやって公平に税金を集めるの？

・税金を公平に使うってどういうこと？
・税金から見た民主主義とは？
・日本の財政と課題

税金教室で小学生に向かって話をしながら、私はハッと我に返り考えた。今ここで私が行っている税金教室や、税務署や税理士会が行っている租税教室は、果たして本当に将来の善良な納税者育成の役に立っているのだろうか、と。

こうした税金に関する解説は、いつだって正論で埋め尽くされている。税金が国家を支えており、不可欠なのはたしかにそうだろう。しかし、言葉を尽くして税金の大切さを説明したところで、「正しい申告・納税をする人」は増えないのではないか。

その理由を説明するのに、少し長くなるが自己紹介をさせていただきたい。

過去、私は東京国税局課税部資料調査課に所属し、さまざまな事案に従事してきた。国税局資料調査課は通称「リョウチョウ」と呼ばれており、税務の分野では良くも悪くも恐れられる存在だ。

国税局でいちばん有名なのは国税局査察部、通称「マルサ」だろう。昭和62年（1987年）に公開された伊丹十三《いたみじゅうぞう》監督の映画『マルサの女』でその名が広く知られるようになった。マルサは国税犯則取締法に基づく調査で、裁判所の令状をもって強制調査を行う部署である。その意義は、できるだけ多くの脱税者を捕捉《ほそく》し、調査して検察庁に告発することにある。つまり「一罰百戒《いちばつひゃっかい》」を大義としているのだ。そのためマルサの調査は、徹底した内偵により脱税した所得の証拠（隠語でこれを「タマリ」と呼ぶ）を把握できた事案が対象となる。

一方で私が所属したリョウチョウは、タマリがなくても調査を実行する。国税局に蓄積された各種マスコミのデータ、納税の申告データや会社データなど、あらゆる情報を基に調査対象者を選定し、令状なしで（むろん納税者による「明示の承諾」は必要だが）隅から隅まで調べ上げる部隊である。「これはクサい」と思う案件を探し出し、事前通告なしにターゲットに踏み込むのだ。大型事案では100人超が投入されることもある。

ゆえにリョウチョウのターゲットには、「大口」「悪質」「宗教」「政治家」「国際取引」「富裕層」など必然的に調査するのが困難な案件が並ぶ。つまり、税務署では調査することができない案件を担当するとも言い換えられる。マルサが手を出せない案件まで扱うという点において、リョウチョウは税務調査の「最後の砦」なのだ。

税務調査はドブさらい

世間ではマルサが税務当局における最強部隊のように認識されているが、徴税に関してはリョウチョウのほうが圧倒的に怖い存在である。

そのことは数字からも裏づけられる。東京国税局を例にすると、マルサが2016年度に告発した脱税金額（本税及び加算税）は49億円であり、マルサ職員が約300人とすると一人あたりの調査によって把握した脱税金額はおよそ1600万円だ。一方でリョウチョウの具体的な数字は統計発表されないのでベールに包まれているが、一人あたりの年間追徴本税は、かつて所属した私の実感としてマルサの数倍以上になるのは間違いない。もちろん、マルサの場合は公判維持に耐えられる材料で勝負するという制約があり、「安易な課税」がなかなかできないという事情があることを付記しておこう。

さて、そのリョウチョウに所属していた私は、ほかの職員に比べても実に多種多様な事案に従事してきたと思う。しかし、いくら脱税を暴き課税処分しても、次から次へと大口の不正事案が湧いて出てくる感じがしてならなかった。

誤解を恐れずに言えば、税務調査という職業は「税務申告のドブさらい」に似ているかもしれない。どんなにキレイにしたつもりでも、自然とドブの底にはヘドロがたまっている。もしかしたらこのドブさらいは、当局が気にしている「税務申告の水準」を維持するための作業にすぎないのではないか？

これから本書で取り上げる「脱税できる人たち」は、もちろん「租税正義」という観点ではまったくいただけない輩《やから》だ。しかし、ビジネスで稼ぐという観点から見れば、それなりの能力を持った人たちであり（日本の会社の7割近くは赤字である）、上から目線で恐縮ではあるが、社会の平均点以上の人たちである。

つまり脱税をするのはこうした能力の高い人たちで、きちんとした教育を受け、納税が国民の義務であることぐらいは当然知っているだろう。ところが、いざ目の前にカネが積み上がると、簡単に一歩踏み外してしまうのである。元国税局の人間として、そうした光景は嫌というほど見てきた。

いくら税金教室や租税教室に力を入れたところで「正しい申告・納税をする人」が増えないだろうという直感は、きっとこのリョウチョウにいたころの感覚とつながっているのだろう。自らが小学校の税金教室を取り仕切ることで、あらためて無力感を抱いたのだ。ドブを放っておけば、底にヘドロが自然とたまる。ドブさらいは永遠に終わることがない。

脱税する4つの理由

とはいえ、ドブさらいをしなければ水は濁《にご》っていくだけだ。

だからこそ国税局・税務署は、納税者から申告された所得が正しいかを確認するために税務調査を行っている。正直者が馬鹿を見るような風潮になってはいけないし、納税者に適宜接触することにより、一定の「税務申告の水準」の維持を図っている。

当局が平成27年（2015年）に全国で調査した法人数は約9万4000件、このうち非違《ひい》（申告もれなどの誤り）があったものが約6万9000件（73％）、不正があったものが約1万8000件（19％）となっている。調査した法人の約2割に不正申告があったことになる（図表序-1）。個人にあっては、調査した約4万8000人のうち、非違があったの

図表序-1　平成27事務年度　法人税・法人消費税の調査事績の概要より「法人税の実地調査の状況」

項目＼事務年度等	平成26年度	平成27年度	前年対比（%）
実地調査件数	95,000	94,000	98.4
非違があった件数	70,000	69,000	99.1
うち不正計算があった件数	19,000	18,000	99.6

出典：国税庁ホームページ

図表序-2　平成27事務年度　所得税及び消費税調査等の状況より「所得税」

項目＼区分		実地調査			簡易な接触	調査等合計
		特別・一般	着眼	計		
1	調査等件数	48,043	17,973	66,016	584,415	650,431
2	申告漏れ等の非違件数	41,515	13,158	54,673	341,015	395,688

出典：国税庁ホームページ

は約4万1500人（86％）となっている（図表序－2）。

調査では、単純な計算間違いだけでなく、悪質な不正計算（＝脱税）が把握されることもある。そしてもちろん、脱税でも悪質度、脱税額の多《た》寡《か》によっては刑務所に入ることがある。小学生でも納税義務は「知っている」のに、なぜ人は脱税してしまうのだろうか？

元国税局である私の経験上、彼らには次の4つの主な動機があると考えられる。

①個人的理由で消費するため

・個人資産の蓄財、恋人・愛人への支出、趣味への浪費など要は自分勝手なタイプの典型である。脱税したカネを預貯金、有価証券投資、不動産購入などに充《あ》てたりする。愛人を囲うための手当やマンション賃料を脱税資金から捻出するケースもあるが、せこい脱税者になると愛人資金を経費に仮装（従業員名目での給与）したりもする。こういう事案は大体が善良な社員や別れた愛人からのタレコミで発覚する。

②事業に必要な金を作る

・将来の経済不況に備える、または受注工作資金（裏リベート、交際費捻出）などどちらかというと、会社事業に真面目なタイプといえる。好況が続くことは稀《まれ》なので、景気がいいときに裏金を捻出してプールし、不況になったときの軍資金に活用しようとするものである。または仕事をとるために、キレイごとばかりは言っていられないので、ときには「まんじゅう」「こんにゃく」（ともに賄賂《わいろ》を意味する隠語）などで仕掛けることもある。

③バランスシート改善

・社長に対する貸付金を脱税資金で回収

中小企業では、社長が何らかの理由で会社から金銭借入をすることが少なくない。短期的なものであれば問題にならないが、長期で多額なものになると、融資をしている銀行から問題視されることがある。会社の資産が社長に流出することになり、きちんと返済されるのかどうかと返済原資が心配になるからだ。つまりは、融資などをしている銀行から見ると、会社と社長間での貸借取引は評価が下がることになる。そうした理由から、たいていは早期返済を考える。しかし社長個人に返済資金がない場合、脱税した裏金をあたかも「会社に返済した」ように見せて、貸借関係を償却する手法を使うことがある。ちなみに当局はこうした手口をもちろん把握しており、税務調査では返済原資に注目した調査が行われることになる。

④イデオロギー

・日本が嫌い、保守政党が嫌い

当局から見て、ある特定のイデオロギーに染まった納税者がいちばんクセが悪く扱いづらい。「税制」は政治家の駆け引きで決まることがあり、いわば「税＝政治」ではあるが、一方で「税法」は「数字と理論のみ」で構築されるものだ。その間には常に乖離《かいり》が生じやすい。イデオロギーに染まった納税者は、自分の信じる「税制」のあるべき姿と、現実の「税法」の執行の間に隔たりがあった場合、当局にまったく耳を貸さなくなる。一昔前に比べたらこうした納税者は減ったものの、税務調査の現場では彼らとのトラブルが絶えない。

「バレない脱税」は存在する

このように、脱税の理由はいくつかの動機に分類できる。ところが近年になり少し困った状況が起こりつつある。私的な理由で行われる「バレない脱税」とも呼ぶべき、きわめて巧妙かつ周到な租税回避術が爆発的な勢いで増殖をしているのだ。

平成28年（2016年）4月に国際調査報道ジャーナリスト連合（ICIJ）が公表して世界に衝撃を与えたのが「パナマ文書」だ。同文書はモサック・フォンセカ（パナマの法律事務所）によって業務上作成されたもので、1970年代から総数で約1150万件の公的機関、企業及び個人富裕層の情報が書かれていた。そのなかに政治家や著名人などの名前があり、この流出事件により租税回避などの「犯人探し」が世界中で行われることになり大ニュースとなった。

しかしながら、パナマ文書をきっかけに注目を集めた、税金が著しく軽減されたもしくは免除された地域である「タックスヘイブン（租税回避地）」の存在は、それ以前から広く知られていた問題だ。国税時代にリョウチョウとしてさまざまな税務調査に従事し、税理士になってからもアジア諸国への数十回の渡航でいくつもの租税回避案件を目にしてきた私からすれば、タックスヘイブンはたくさんある租税回避術の一つにすぎない。つまり「ワンオブゼム（one of them）」である。

パナマ文書の騒動を経て同時に気づかされたのは、国際化が著しい脱税の現状や、私が知るような租税回避スキームを、多くの人が知らないという事実だ。よくテレビのバラエティ番組などで見るような「床下の隠し金庫に現金を隠す」などという古典的な脱税手口など、もはや過去のものである。

私はこの脱税を取り巻くイメージのあまりの古さに、何よりも危機感を覚えた。税金は国家のインフラを支える大切な資金源である。にもかかわらず、日本人の多くが「バレない脱税」が存在することを知らない。ならば元国税局の人間として、リョウチョウ出身者として、みなさんに伝えるべきことがあるのではないだろうか。私が本書を執筆する動機はここにある。

本書の構成

本書のタイトルにもあるとおり、この「バレない脱税」を最もうまく行っているのは、いわゆる「富裕層」である。要するに金持ちこそ、カネに糸目をつけず、あらゆる脱税を試みている。

とはいえ、いきなり富裕層の脱税手口を紹介すると、あまりに手口が巧妙で複雑であるため、読者のみなさんには理解が難しくなる。

そこで、本書では第一章に、これまでの古典的な脱税手法とも呼ぶべき、比較的イメージしやすい題材を用意した。ご紹介するのは「現金商売」「宗教法人」「中小企業」の3つだ。「現金商売」は飲食店や水商売をはじめ、不正が行われやすい業種である。みなさんは人間の欲深さを目にするだろう。「宗教法人」も同様だ。「坊主丸儲け」とはよくいったもので、住職など聖職者の不正は思いのほか多い。私が大規模宗教法人の税務調査も所管するリョウチョウ出身ということもあり、類書にはない面白いケースをご紹介できるだろう。そして3つ目に「中小企業」だ。みなさんの身近にいる社長がなぜ脱税に手を染めやすいのか、典型的な家族経営の相続という問題に焦点を絞った。あえて大企業ではなく中小企業を扱う意図を本文から感じていただけると幸いだ。

第二章は、国内から舞台を移し、海外を絡めて行われるいわゆる「キャピタルフライト（資金逃避）」の脱税のケースを取り上げる。「個人投資家」「富裕層」「ループホールvs.国税局」と大きくパートを分けているが、要するに金持ちによる大がかりかつ複雑な脱税を紹介する。

第二章の脱税手法を知ることで、タックスヘイブンがあくまで「ワンオブゼム」であり、氷山の一角にすぎないことをざっくりとご理解いただけるだろう。元リョウチョウの私自身が、もっとたくさんの人に知ってもらうべきだと感じていることをきちんと記述したいと思う。

「個人投資家」のパートでは、特に最近よくニュースで見かけるようになった「金塊の密輸」がなぜ行われているのか、またファンドや不動産投資を利用したスキームなどについて、詳細に解説を加えたい。また「富裕層」パートではカネに糸目をつけない大金持ちならではの大胆な脱税手法を紹介する。「ループホールvs国税局」パートでは、法の抜け穴を活用しようとする輩に対して、当局がどのように対応してきたのか、また対処しようとしているのかについて、元国税局の立場から意見を述べたい。

第三章は、脱税する人たちをカモにする「脱税支援ブローカー」の存在を白日のもとにさらす。悪さをそそのかすという観点からいえば、最も悪い輩なのかもしれない。いわば税金に取りつく魑魅魍魎《ちみもうりょう》である。

「B勘屋《びーかんや》」は古くから良く知られた存在である。本書の構成でいえば、第一章の古典的な脱税手法を支援するのが彼らだ。このパートで領収書の偽造、赤字会社の介在など、昔ながらの手口をみなさんにも確認してほしい。「国税OB税理士」はもっとやっかいな存在である。私も国税OB税理士には違いないが、ごく一部ではあるが悪さに手を染める心ない者がいる。内部にいた人間として、なぜ彼らが脱税支援に手を染めるのかの理由をこのパートで明らかにしたい。最後の「プロモーター」こそ、富裕層が最も頼りにする存在である。本書の構成でいえば、第二章で紹介するような国際的かつ複雑な脱税スキームを編み出すのが彼らだ。日進月歩で新たな脱税スキームが生み出される現在、プロモーターの存在を知ることで脱税を防ぐことの困難さを感じていただけるだろう。

すべてのケースについて、国家公務員法、税法及び税理士法で定める守秘義務に配意しながらも、具体的に書くことを心がけた。

とりわけ税に関しては、「都市伝説」がいまだに堂々と闊歩《かっぽ》している感がある。脱税まがいの節税スキームが「バレない」から大丈夫だとされる誤解、あるいは海外取引・海外決済のいわゆる「ソトソト」ならセーフだといった話、国税局主要ポストで退官したいわゆる「国税ＯＢ税理士」を顧問に迎えれば税務調査で追徴が安く済むといったウワサまで、あまりにも虚実が混じって世間に伝わっている。私はそうした都市伝説が好きではない。本書を通じて、みなさんにはこうした虚実の区別がつくようになってほしいと願っている。

最後に、本書の内容はみなさんが「これならバレない」と思っているような最新の脱税手法であっても、実は「国税当局はすでに把握している」という警鐘でもある。たとえ永遠のいたちごっこだったとしても、常に当局は脱税に目を光らせていることを忘れないでほしい。これは本書の最大のメッセージでもある。

なお、専門書などでは「脱税」「租税回避（必ずしも違法ではないが脱法ではある）」のそれぞれを定義することがあるが、読み物としての本書の性格上、特に区別していない。脱税も租税回避もともに「意図的に納税額を減らす」という点において、その経済的効果に違いがないからだ。また、根拠条文の挿入も一部割愛しているが、あらかじめご了承のうえで読み進めていただければ幸いである。

第一章

税金から逃れる「庶民」たち

本章で取り上げるのは、「現金商売」「宗教法人」「中小企業」の3つだ。税金逃れを考えるにあたり、彼らはそれぞれ特徴的な脱税手法を試みる好例である。みなさんには、これらのケースを見ることを通じて、本章に登場するような古典的な脱税手法が容易に行える手口であり、昔から行われてきたことだと知ってほしい。また、人間は目の前に現金があると、法やモラルよりも欲望が優先されてしまうものだということに気づくだろう。そうした「人間の弱さ」にも注目していただきたい。

では、さっそくそれぞれを見ていこう。

1 なぜ水商売や飲食店に脱税が多いのか?——現金商売

サラリーマンと自営業では大違い

税務署の所得捕捉率について、戦後の高度成長期のころから使われている言葉がある。「クロヨン」とか「トーゴーサンピン」という呼称で、職種によって真実の所得と実際の課税対象額が異なるという不公平感を上手に風刺《ふうし》した表現だ。

クロヨンとは、給与所得者9割、自営業者6割、農林水産業者4割が所得捕捉率だとする呼称である。いわゆるサラリーマンの所得が源泉徴収制度によりガラス張りであるのに対して、自営業者や第一次産業従事者の申告所得は所得捕捉率が低いのをいいことに、低調な申告であるという意味で使われてきた。

源泉徴収とは、支払者が給料や報酬料金などの支払時に所得税を天引きする制度のことである。仮に所得者が税法に反して申告しなくても、源泉徴収した金額が国庫に入るので、国としては貸倒れの少ない「良い制度」といえる。他方、サラリーマンの所得税は給与から天引きされるため、税の仕組みや使い道に興味が持たれないという悪い側面も指摘されている。なお、源泉徴収される所得の種類は限定列挙された所得に限られている。

ところで給与所得者には、実額経費ではない「給与所得控除」という「みなし経費」を給与収入から差し引くことができる制度がある。年間500万円の給与収入があったとすると、実際の経費に関係なく154万円を必要経費とみなして計算するのである。

また給与所得控除（みなし経費）に代えて実額経費を計上する「特定支出控除」という

制度もある。ただし注意が必要なのは、給与所得控除額より実費が多くないと増税になる点である。年収500万円のサラリーマンならば154万円オーバーの「給与所得を得るために必要な経費」がないと意味がないことから、実際の利用者は全国で約2000人程度である。

このように、サラリーマンにも「給与所得控除」や「特定支出控除」など特別な制度が存在する点から、実際のところはクロヨンと呼ばれるまでの税負担の不公平は多くはないと思われる。ただやみくもに「サラリーマンは源泉徴収でガラス張りだから不公平だ」と主張するのは、こうした税の仕組みに対する理解不足だといえるだろう。

政治資金の監査は甘い

トーゴーサンピンは、所得捕捉率はクロヨンどころではないという考えから、給与所得者10割、自営業者5割、農林水産業者3割、これに政治家1割を加えた表現である。

ちなみに、政治家が政治資金として認められる金銭については課税対象にはならない。ただ、政治資金とそれ以外の資金の「入」と「出」は、外見から判断するのは困難で、実際に帳簿調査と質問検査をしない限り、少なくとも課税上適正かどうかの判断はできない。さらにいえば、政治資金として適正かどうかの判断は国税局が納税者に行う税務調査に与えられた権限、つまり「質問検査権」に類似する強権を保有する第三者機関がないのではとんど期待できない。「政治家1割」とされるゆえんだ。ここがいちばんの問題である。

政治資金のチェックに関して、「登録政治資金監査人（総務省所管）」という、あたかも「監査機関」のような制度があるが、政治資金の監査は非常に甘いものといわざるを得ない。

例えば、目の前に一枚の領収書があるとする。領収書が一見してキャバクラや風俗店からとわかるものだとしても、金額が収支報告書と一致していれば、監査人は使途の目的などの追及ができないことになっている。政治資金として適正かどうかも重要だが、政治資金以外に費消したものであれば、所得税の問題にも波及する可能性がある。ちなみに、私も登録政治資金監査人として登録している一人であるが、国税ＯＢの観点からいわせていただくと「ザル制度」だと思っている。

数年前に、群馬県選出の衆議院議員の政治資金収支報告書の問題があった。その収支報告書をご覧になった方はおられるだろうか。私はその報告書を見たとき、あまりにずさんでお粗末な内容だったため開いた口がふさがらなかった。もちろん収支報告書は登録政治資金監査人が監査したものだった。

所得調査は「収入」と「経費」のチェックが必要

話を戻そう。職業ごとに所得捕捉率に差が出るということは、すなわち、当局の取引証拠の捕捉率に差があるということである。税務当局が税務調査で重視するのは、ヒト、モノ、カネの流れだ。給与所得者の所得は給与を支給している会社を調査すれば把握できるし、会社は源泉徴収票を給与受給者の市区町村に提出する義務があるので地方公共団体への「反面調査（調査対象者の取引先等に対して実施される税務調査）」でも情報収集できる。第三者が証明してくれるわけだ。だから給与所得者の所得捕捉率が高いのである。

自営業者はというと、当局が実地調査しないと実態がわからない。証明してくれる第三者がいるわけでもないし、「所得＝収入－経費」という算式からわかるように、申告された所得が正しいかという検証は、「収入」と「経費」双方の調査をしなければできない。つまりは、税務調査の結果を待たないと申告された所得が適正なのかがわからない。農林水産業者も、ほぼ同様のことがいえる。

では、実地調査をすれば本当に正確な所得が把握できるのだろうか？　否である。調査官の調査能力が低かったり、納税者の悪知恵が働けば、課税漏れが生じることがある。それでも全納税者の調査を実施できればいいのだろうが、当局の事務年度（7月から6月まで）1年あたりの調査実施割合は法人で約3％、個人で約1％と非常に低い。まったく調査をしきれていないのだ。申告漏れがバレた人は運がない人という意識になりやすいのか、「正直者が馬鹿を見る」とまで言う輩さえいる。

最も捕捉困難な「現金商売」

国税庁は毎年、「事業所得を有する者の1件当たりの申告漏れ所得金額が高額な上位10業種（所得税）」という報道発表を行っている（図表1－1）。1件当たりの申告漏れ所得金額がダントツで多いのは「キャバレー」「風俗業」で、平均で2000万円を超える申告漏れを指摘されている。この二つの業種に共通しているのは、「現金商売」であるという点だ。

税務当局が税務調査で重視するのは、ヒト、モノ、カネの流れであると述べた。これら

図表1-1　平成27事務年度　所得税及び消費税調査等の状況より「事業所得を有する者の1件当たりの申告漏れ所得金額が高額な業種(所得税)」

	25事務年度		26事務年度		27事務年度	
	業種目	1件当たり申告漏れ所得	業種目	1件当たり申告漏れ所得	業種目	1件当たり申告漏れ所得
1	風俗業	3,329	キャバレー	2,093	キャバレー	2,628
2	キャバレー	1,972	風俗業	1,979	風俗業	2,326
3	バー	1,226	バー	1,159	畜産農業(肉用牛)	1,471
4	くず金卸業	1,055	冷暖房設備工事	966	ダンプ運送	1,144
5	特定貨物自動車運送	979	ダンプ運送	932	特定貨物自動車運送	1,118

(単位:万円)

資料:国税庁ホームページ

の捕捉がいちばん困難なものが「現金商売」である。売掛、買掛、銀行送金、継続取引などは記録が残るが、現金商売は「足がつかない」からである。それに現金には「色」がついていないことも、申告漏れの証拠としての収集が難しい理由となる。

現金商売の税務調査は、国税部内では「フナ釣り」にたとえられることがある。フナ釣りと聞くと、子供などでも容易に釣れると思われるかもしれないが、実はそうではない。釣りのテクニックや道具の選定など、とても奥が深いものだ。竿、糸、浮き、重り、針、エサなど、フナ釣りには釣りの基本となるものがたくさん詰まっている。つまり、現金商売こそ税務調査の基本なのだ。税務調査は、「フナ釣りに始まり、フナ釣りに終わる」をもじって、「現金商売に始まり、現金商売に終わる」と表現される。

現金には色がついていない。捕捉するのがとても困難なのだ。東京国税局を例にすると、銀座、歌舞伎町、池袋など8エリアを擁する所轄税務署に、料理飲食や風俗産業などの現金商売をターゲットとした調査専門部隊、繁華街担当を設置している。このことからも、その専門性や特殊性がうかがえるだろう。

不正業種のトップはバー・クラブ

現金商売での税逃れのケースを挙げていこう。バー・クラブは、毎年国税庁が報道発表している「不正発見割合の高い10業種（法人税）」の常連、ナンバーワンをキープしている。図表1－2のとおり、平成27事務年度の調査事績（平成28年11月発表）によると、バー・クラブの不正発見割合は66・3％で、1件当たりの不正所得金額は1438万800 0円となっている。

図表1-2　平成27事務年度　法人税・法人消費税の調査事績の概要より「不正発見割合の高い10業種（法人税）」

順位	業種目＼項目	不正発見割合（%）	不正1件当たりの不正所得金額（千円）
1	バー・クラブ	66.3	14,388
2	大衆酒場、小料理	43.1	6,097
3	パチンコ	32.7	48,946
4	自動車修理	29.3	2,889
5	廃棄物処理	28.9	17,647
6	土木工事	27.4	10,637
7	一般土木建築工事	26.8	10,646
8	職別土木建築工事	26.5	9,996
9	貨物自動車運送	26.3	12,745
10	再生資源卸売	26.0	11,483

資料：国税庁ホームページ

不正業種トップクラスの常連ということは、言い換えれば「税務調査対策」が雑でワキが甘いのか、はたまた単に税務署をナメているのかとも思える。また、彼らが置かれた「環境面」から考えてみると、目の前に現金があることで「手」を出してしまうのだろう。経営者が派手な生活をするための金銭を捻出する必要がある、あるいは景気にダイレクトに左右される商売なので不況時の運転資金を確保したいなど、不正の常連となる理由がそれなりにあると考えられる。

第2位は大衆酒場・小料理、第3位はパチンコと、いずれも現金業種という結果となっている。法人経営で風俗が不正ランキングにないのは、風営法の許認可の関係で、法人新規での許認可取得ができないことに起因していると思われる。新規取得ができないということは、つまり許認可を受けた法人が減る一方だということを意味しているが、そもそも法人全体のなかで風俗経営会社の調査数が少ないと言ったほうが正しいかもしれない。

圧倒的に多い「売上除外」

当局は時代やサービスの変化に応じて、調査体制の整備や新サービスの調査手法を開発するなどして、不正対策を講じている。

先に、釣りをたとえに現金商売の税務調査の難しさを訴えたが、現金業種の調査というのは「新鮮な素材」の調理にも似ている。すぐに「さばかない」と素材（調査）が腐ってしまう（失敗）ということである。証拠隠滅や関係者の虚偽・通謀《つうぼう》（口裏合わせ）をされてしまうと、調査展開ができなくなる。

帳簿・書類の不提示や破棄などで実額による課税処分ができない場合、脱税者はヤリ得になるのだろうか？　そんなアホなことはないし、当局は甘くない。実額に代えて、売上、仕入、人件費、経費など一部分の真の取引記録を基に、推計の柱になる材料を決定して「バーチャル所得」を見立てる。こうした方法により課税するのが「推計課税」だ。

実額と異なり適当な計算式で課税する推計課税は、当局としてはできればしたくない。なぜなら、推計に要する時間とその後の異議申し立てや審査請求までの道のりを考えると非常に手間がかかるからだ。このような理由から、国税局では現金商売専門の調査セクションを設けて、新鮮な料理をさばける職人を養成しようという運営がされている。

東京国税局を例にする。同局は東京都、神奈川県、千葉県及び山梨県の一都三県を所管する。先ほど少し触れたが、銀座、歌舞伎町、池袋、新橋、六本木など、日本を代表する繁華街を所管する8税務署に「繁華街担当（現金商売・風俗調査の専担部門）」が置かれている。部内用語で「ハンカ（繁華街）」「トクチ（旧名称が「特定地域」だったので、その略称）」「ピンク（現金業種の部内書類がピンク色のため）」などと呼ばれる。

ハンカの調査官は主たる業務をアフター5に行う。業務の多くを内観調査（内偵）に頼る必要があるためだ。ほかの職員が「お疲れ様」といって退庁するころに、私服に着替えてターゲットに向かう。頻繁に入れ替わる飲食・風俗の管内マップの更新にも余念がない。

バー・クラブの不正の手法は、ほかの現金業種同様に「売上除外（正しい売上を計上しない）」が圧倒的に多い。調査実施は無予告が原則になるが、初動調査では、売上伝票、ボトル台帳、ボトル現物（ボトルネックの名前や日付確認）、通帳、ホステス送迎記録、メモなどの「原始記録」の把握に努める。経営者が従業員に見せたくない書類もあるので、経営者自宅にも臨場《りんじょう》して、ホステスの給与計算書や、取引企業への請求書綴《つづ》り、通帳などを調査する。

売上除外の巧妙な手口

バー・クラブは店舗数が増えると、従業員の横領などに目を光らせる必要が出てくるため、内部牽制《けんせい》に必要な書類が作成されることになる。つまり、一時点では真実の売上計算書が存在するわけである。当局では、こういった彼らの事情を考慮して調査を行うことがある。「無予告調査」のときには、店舗に臨場していないように見せかけることもある。

経営者や本社の人間は、店舗に「真実の書類」を隠していることが多い。したがって彼らは、当局に見つからないように、従業員に店舗にある書類を引き揚げて隠匿《いんとく》するよう指示する。見つかったら大変なことになるからだ。しかし、実は当局は、調査官を店舗の確認ができる場所に待機させていて、従業員が店舗に入って数分したタイミングでガサをかける（泳がせる）、なんてことがある。証拠書類を持ち去ろうとするときまで「間を置く」のである。実際にこのように泳がせて、客が座るロングソファーのクッション下に売上表、ホステスの給与計算書が隠されていて、「実額」で追徴処分をした事例もある。

クレジットカード売上は、普通の感覚なら税務署にバレると思われがちだが、屋号を変えたり借名により特定客のクレジット売上を隠蔽《いんぺい》することがある。請求書払いの企業顧客についても注意が必要で、振込口座が印刷された請求書用紙はきちんと売上計上して、ゴム印（別の銀行口座）で請求した分を売上から除くという業者もいる。

そのほかにも、売上除外は脱税以外のために行うことがある。ホステスのために行うケースだ。クラブにとって上玉のホステスを抱えることは、クラブの売上アップに必須条件である。ホステスからの要望があれば従わないわけにはいかない。

具体的にはどのようなことをするのか。ホステスへの報酬が低額（人にとってはゼロ）であるように偽装するのだ。ホステスとしては、税金や社会保険をできるだけ負担したくない。なかには母子家庭であるなど、生活保護を受けたいがために所得を抑えたいというケースもある。

そこで店側はホステスへの給与を抑えた金額にして、その金額に見合う売上を除外して決算を組む。店側としては利益が同額なので、法人税や所得税の観点からは問題なさそうに見える。しかし、これは売上を減らした分の消費税を脱税することであり、ホステス給与における源泉徴収義務の非違として、追徴の対象である。のちの税務調査で発覚した場合には、経営に打撃となる追徴を覚悟しないといけない。

脱税協力者は外側にも潜む

店とホステスの「内側」の問題を挙げてきたが、「外側」の問題にも触れておく。ここでいう外側とは、脱税協力のことだ。繁盛しているクラブのママには、起業家や上場企業役員などのパトロン（経済的な後援者）がいることが少なくない。パトロンは接待などにより店に多くの客を連れてきてくれるなど、クラブ経営に果たす役割が大きい。

そこで、パトロンのために、店側が脱税協力をすることがある。請求書払い（月額飲食代の一括請求）の額を水増しして、パトロンの企業から振り込まれる代金から「不正加担金」を差し引いて、パトロンにキャッシュバックするのだ。もちろん支払う企業側は「交際費等」で損金処理できる。誰の懐《ふところ》もいたまないわけだ。

余談だが、こうした不正協力者は、のちの自己保身のために記録をつけているものだ。これがクラブのママが持っている、いわゆる「黒革の手帳」である。金の切れ目は縁の切れ目というが、不正する本人も協力する側も気をつけたいものだ（もちろん水増し請求は脱税である）。

また最近の傾向として、源泉徴収義務違反による追徴が多く発生している。店側がホステスから源泉徴収をしていない、または源泉徴収はしたものの経営者の懐に入れるなどして、税務署に税金を納付していないケースである。

もともと源泉徴収は所得税の前払い（天引き）であり、申告者であるホステスが適正に申告すれば国庫に入る所得税は「適正額」ということになり、クラブ側が納付していなくても結果オーライだという見方があった。そのため、かつてはホステスが確定申告で適正申告・納税していないことで摘発される時代が長く続いた。

だが、そもそも制度としてある限り源泉徴収の履行をしないことは許されないことである。ここ数年では「マルサ」が源泉徴収関係でクラブ側を摘発することが多くなった。余談だが、マルサのほかの税目での告発件数が減少するのに反比例して、源泉徴収での告発が増えるという傾向があるようだ。

飲食店のPOSデータで不正できるか?

ここまで述べてきたように、バー・クラブなどで見られる主な脱税の方法は「売上除外」が最もポピュラーである。典型的な手口としては、売上伝票を破棄して伝票に見合う現金を隠匿《いんとく》することになる。この手法はバー・クラブと並び「不正発見割合の高い10業種」の常連である大衆酒場・小料理といった飲食店でも同じだ。

お通し分だけを売上から除外したり、閉店後レジの全件打ち直し(申告する売上だけ)をして決算書を作成するなど涙ぐましい努力をする輩もいる。

私が現職のころ、若手の調査官から「ＰＯＳ《ポス》導入店の場合、売上除外なんて無理ですよね」と質問をされたが、答えは「ＮＯ」である。ＰＯＳとは、「Point Of Sales」の頭文字をとった呼称で、販売時点の商品情報管理ができるシステムである。飲食店のＰＯＳレジは、オーダーが入ると厨房にデータが送信され、商品の提供から会計まで正確な数字データがとれる。コンピュータ相手なので、若手調査官は人間の手が入る隙がないと思ったようだ。

ところが、ＰＯＳでも簡単に売上除外ができるのだ。やり方は簡単。データを入力しなければいいだけだ。例えば、予約した客のコース料理や食べ放題・飲み放題の注文などは、厨房でオーダー管理する必要がない。そうした注文をＰＯＳに入力せず、もらった金を裏金にしてしまえばいいだけだ。さらに「上級者」になると、ＰＯＳシステム内にあるデータ自体を改ざんしたり、管理しているデータを全部消去して、後日の税務調査に備える強者もいる。

では、当局はそうした不正をどうやって見破るのか。売上除外をした場合に、会計係数に異常値が出る。「売上－売上原価＝売上総利益」となるが、売上を除外すると売上総利益率（売上総利益÷売上）が下がる。売上原価を不正に水増ししても同様に売上総利益率が下がる。当局は異常係数が出ると、売上除外、水増し原価または期末たな卸の除外を想定する。つまりすぐさま脱税を疑うのだ。

ＫＳＫ（国税のデータベース、「国税総合管理システム」の略称）には過去の売上データの蓄積もあり、そうした売上除外は調査選定機能で「フラグ」が立つことになる。店側が多額の売上除外をすれば、それだけ当局からの追徴リスクが高くなるというわけだ。

そもそも飲食店は売上総利益率65％以下になれば経営自体が危険水域なわけだし、追徴により本当の危険水域に入りかねない。店を失いたくないのなら、脱税なんかすべきではない。

「両落とし」を見破る内観調査

しかし、さらに知恵のある者は追徴リスクを下げるために次の手を打つ。売上と原価の「両落とし」という手口だ。売上だけを除外すると利益率が下がる。けれど原価も落とせば利益率には影響が出ない。つまり、売上と原価の両方を落とすのだ。たしかにこれならばバレにくい。

ただし落とし穴もある。脱税側にとって「両落とし」のデメリットは、「利益だけしか落とせない」ため高額な利益圧縮には向かない点である。落とせる金額には必然的に限界がある。また「両落とし」をするためには、売上と原価の両方から対象を抽出する必要があるため、非常に手間がかかる。「労多くして功少なし」の典型だ。

もちろん当局は「両落とし」のような不正を見逃すわけにはいかない。こうした手の込んだ手法には、調査官などが顧客となって店舗の内部に立ち入る「内観調査（内偵）」が行われる。

内観調査には、まず税務調査の対象としてその店舗を選定すべきかどうかを判断するという目的がある。また飲食店のような現金商売は証拠書類に乏しいため、数年後に行われる実地調査時に適正な申告が行われたかをチェックする必要がある。そのため資料情報を事前に残すという目的のために内観調査が行われる。

内観調査の際にチェックするのは、メニューの価格、席数、営業時間、繁盛しているかが主眼である。要約すると、客単価と回転数の把握ということになる。閑散期と繁忙期に客として入店して店内を観察、領収書を徴するなどして足跡を残す。

内観調査は多ければ多いほどいいのだが、当局の人出にも捜査費の予算にも限界がある。そのため必然的にターゲットは絞られ、「貴重な証拠」を得られる数も限られる。

ところが、そうした内観調査で得た「貴重な証拠」が少ないと、相手の一言で撃沈してしまうことがある。納税者が売上除外を認めたうえで、「すみません、その領収書の分だけ売上を抜いてしまいました」とか、「今の事業年度だけバカなことをしてしまいました。魔が差しました」と抗弁されるケースだ。証拠が少ないため、当局が課税するうえで不利となる。

したがって、内観調査は最終事業年度末までに複数回行い、調査対象年度の証拠として収集しておくのが基本だ。こうした手間の多さからも、なかなか内観調査を増やすことができないのが現状だ。

反面調査と推計課税

当局が不正計算を指摘しても頑として認めない輩もいる。当局もクロと認めた場合には簡単に引き下がれない。取引先や金融機関などの関係者に対して補完調査をすることになる。これが「反面調査」だ。現金業種の場合、反面調査の多くは仕入れ先になる。仕入数、仕入金額と売価から利益を「推計」する手法になる。

「推計課税」と呼ばれるもので、実額課税と違って大雑把な数字になってしまう嫌いがある。推計課税は、当局として時間がかかるだけでなく、納税者側が推計結果に基づく修正申告に、なかなか応じてくれないということもあるので、できれば採用したくないが、脱税者を野放しにできないという当局の事情から仕方なく行うものである。

余談だが「へぇー、そんな手があったんだ」と感心したケースもあった。割引クーポンを使った売上除外がそれだ。

仮に「3000円以上飲食した場合には、500円キャッシュバックします」というクーポンがあったとする。これを利用して、客がクーポンを使ったように偽装し、クーポン分の500円を売上計上しないで裏金にするわけである。たしかにうまい方法だが、たいていは従業員の内部告発や防犯カメラなどで発覚する。悪いことはできないものである。

突出する風俗業の脱税額

図表1-3　平成27事務年度　法人税・法人消費税調査等の状況より「所得税および事業所得を有する者の1件当たりの申告漏れ所得金額が高額な上位10業種(所得税)」

順位	業種目	1件当たりの申告漏れ所得金額(万円)	1件当たりの追徴税額(万円・含む加算税)	直近の年分に係る申告漏れ割合(%)
1	キャバレー	2,628	700	89.1
2	風俗業	2,326	646	92.4
3	畜産農業(肉用牛)	1,471	271	94.3
4	ダンプ運送	1,144	182	59.0
5	特定貨物自動車運送	1,118	146	55.5
6	解体工事	1,006	178	52.1
7	型枠工事	983	157	51.0
8	バー	970	143	67.8
9	鉄骨鉄筋工事	970	144	54.2
10	タイル工事	966	136	48.8

資料:国税庁ホームページ

さて、国税庁は「不正発見割合の高い10業種（法人税）」以外にも「事業所得を有する者の1件当たりの申告漏れ所得金額が高額な上位10業種（所得税）」という報道発表を行っている（図表1－3）。これはつまり、法人ではなく個人経営の店舗のことだ。1件当たりの申告漏れ所得金額がダントツで多いのは「キャバレー」「風俗業」で、平均で2000万円を超える申告漏れを指摘されている。

キャバレーは前述のクラブ・

バーで脱税手法の想像がつくと思うが、わかりにくいのが風俗業である。なぜこれほどまでに脱税額が突出しているのだろうか。ここからは、現金商売のなかで最も特殊ともいえる風俗業の脱税について解説していこう。

もちろん日本にはさまざまな風俗業が存在している。すべてを取り上げるわけにはいかないため代表例を挙げたいと思う。近年になり急速に店舗数を増やしている「デリヘル」だ。

「デリヘル」は、デリバリー（宅配）ファッションヘルスの略称で、ヘルス嬢をホテルや自宅に派遣する男性向けサービスである。ちなみに女性向けのサービスは「出張ホスト」などと呼ばれている。

いわゆる風営法が平成11年（1999年）に改正され、無店舗型性風俗特殊営業第1号として認知された。それまでも類似するものとして「ホテトル（ホテルとソープランドの旧称であるトルコ風呂を足した言葉）」があったが、デリヘルとの違いは「本番」が前提である点だ。ホテトルに風営法違反のケースが多かったため、あくまで法改正以降に認可されたのはデリヘルだけである。

デリヘルは出張派遣というビジネスモデルなので、店の看板を街頭に出すことができない。そのためインターネットでの告知をメインとしており、ほかに繁華街にある風俗紹介スペースやスポーツ新聞などに宣伝することで集客している。平成11年（1999年）といえば、インターネット普及の初期にあたるが、デリヘル産業の市場拡大はインターネット普及とともにあったといっても過言ではない。

当局はデリヘルにどう立ち向かうのか？

デリヘルの説明はこのくらいにして、どんな脱税が行われているのかを解説していこう。

デリヘルは飲食業と違い、ほとんど売上除外の手法しかないといっていいぐらいの業種である。デリヘル業者の会計は、売上、ヘルス嬢への報酬、家賃（事務所とヘルス嬢待機所）、広告宣伝費、ヘルス嬢のスカウトに対する報酬、従業員給料でほとんど完結する。大きく裏金を作れるのは売上を抜くくらいだ。

デリヘルを運営する経営者はインターネット上での集客に力を入れており、ＩＴにはそこそこ詳しい者のはずだが、なぜか営業上の記録をデータで残す業者は僅少《きんしょう》である。後日の税務調査に備えているのだろう。いや、備えるというよりも、むしろ証拠隠滅で足がつかないようにしているといったほうが正しいかもしれない。

業務上作成されるのは、リスト表（予約管理表）と呼ばれるもので、日時別にヘルス嬢の予約とサービス提供実績を一覧で把握できる。ヘルス嬢への報酬支払いのためにも、重要な書類（データ）である。サービス提供日まではデータ管理している業者が多い（はずだ）が、なぜか税務調査時には「紙」で提示してくる。

当局にとって、「真実が記載されたリスト表原本」を把握することが適正な課税をするうえでの生命線になるわけだが、ほとんどの場合、改ざん後のリスト表の提示を受けることになる。現金商売の実地調査を行う場合、納税者に対して調査予告（調査を行う旨の事前連絡）をすることは少ない。理由は簡単で、事前に予告をすれば証拠隠滅のおそれがあるからだ。デリヘルも例にもれず予告なしで抜き打ち調査を行う。予告してもしなくても結局は証拠隠滅をしているケースが多いが、油断している場合があるので予告はしない。

調査場所は事務所、代表者自宅、デリヘル嬢の待機場所、金融機関など多岐にわたる。

店舗型の場合は上記に実店舗が加わる。予告なしの調査は、トラブル必至で戦場さながらの様相となる。事務所では、事務机、ロッカー、金庫などの現況調査を行い、リスト表などの「原始記録」の保全が最優先となる。特に調査初日の初動調査が最重要になる。

真実のリスト表を発見できれば、偽装されたリスト表との開差により脱税を追及できる。だがそうした発見は残念ながらめったにない。

真実のリスト表がない場合、どのように調査を展開するか。ここで再び登場するのが内観調査だ。

原始記録をめぐる駆け引き

内観調査の回数は多ければ多いほどいい。当局はターゲットとなるデリヘル業者のホームページ閲覧も欠かさない。毎日の出勤状況をデリヘル嬢別に時間帯でトレースしておく。出勤状況はサクラ（架空の出勤）であることも少なくないが、これに内観実績を記録しておくことが大切だ。さらに予約時に必ず「指名」し「有料オプション」も申し込む。プレイ料金は売上に計上していても、指名料や有料オプション（一部を店が受け取る場合）

を売上から抜く業者がいるからだ。客から店への支払いは、当然ほとんどが現金である。クレジットカードだと決済代行業者の反面調査で売上除外がバレやすいというのは、もはや風俗業界の常識だからだ。

内観調査の実績がすべて売上に計上されていても、デリヘル嬢への調査で不正が発覚する場合がある。出勤日時とサービス本数、オプションなどを個人的に記録している場合があるからだ。日払い以外のデリヘル嬢は、数日分の報酬を受け取る場合、金額が正しいかを検証するために手持ちの記録が必要になる。そして当局はそうした記録をほしがる。業者はそれを出さないようにする。当局と業者のせめぎ合いだ。

脱税する気が100%の業者を相手にする場合、当局は本当に手こずる。先に原始記録の把握が税務調査の生命線だと述べたが、なかには当局を騙す方法を熟知している猛者《もさ》もいる。

例を紹介しよう。あるデリヘル業者の事務所に貼られたカレンダーの余白に、その日の客数と売上金額がマジックペンで正の字（画線法）で書かれていた。しかしマジックペンでは30万円と書いておきながら、真実の売上は50万円である。そのうえ申告時には25万円とさらに少ない金額にしておいて、当局がカレンダーに書かれた30万円を真実だと誤認するように仕向けるのだ。申告漏れは5万円となり、納税者としては20万円分まる儲けとなる。なかなか手の込んだ仕業だ。

相手を出し抜く仕掛け

騙すのは業者側だけではない。当局側が騙すこともある。

例えば、調査初日に偽造されたリスト表すらない場合、当局はリスト表をきちんと保管するように指導する。あたかも調査が失敗したように見せかけるのだ。その指導を受けて業者はどうするのか。調査後に真実のリスト表を作ることはできるが、それを当局に提出することはできない。なぜなら真実の売上を知られてしまうと、過去の申告実績と比べて申告額が低調になっていることがバレてしまうからだ。結局、業者側はリスト表を偽造するしかない。

数日後、当局は再度「無予告」で調査場所に臨場する。業者はどうせバレないだろうと偽造したリスト表を提出することになる。

しかし当局は当初の調査日から再臨場までの間、決してボーっとしていたわけではない。ひそかに仕掛けをしていた。デリヘル嬢の待機場所周辺に張り込み、執拗《しつよう》に「数取り」をしていたのだ。待機場所から出た時間、戻りの時間、サンプルとして数人のデリヘル嬢の追跡で補完していた。

その正確な数字が偽造されたリスト表と大きく異なっていたのは言うまでもない。再臨場調査では、数取りデータと偽造されたリスト表の開差を基に、デリヘル業者が当局により厳しく追及されることとなった。

さて、ここまで書いてきたのは、曲がりなりにも申告をしている業者だ。いちばんの曲《くせ》者《もの》は申告すらしない者である。

普通、定着した客をキープしたいなら屋号は変えないものだ。しかし、なかには申告しないで次々と開廃業を繰り返し、屋号も頻繁に変える業者がいる。外国人デリヘルだ。不思議と彼らは客をキープできるかどうかなんて気にしていないようである。

こんなことができるのも、風営法のデリヘルの手続きが「許認可」ではなく「届出制」という、わりとゆるいことに起因しているのかもしれない。加えて真のオーナーが表に出る必要がないことも、外国人がオーナーのデリヘルが強気でいられる理由なのだろう。いずれにせよ、無申告の業者の存在は当局にとってやっかいなものである。

周知のとおり、マイナンバー制度が導入された。マイナンバーはすべての国民に個別の管理番号をつけ、それに基づいて社会保障や個人情報の管理などの行政処理を効率的に行おうというものだ。風俗業界では本業を持っていながら副業としてダブルワークしている嬢も多く、導入当初は従事する貴重な人材が逃げてしまうのではないかと懸念があった。実際はどうだったのだろうか？

今のところ、風俗業者で真面目にマイナンバーを運用しているところは少ないように思われる。アリバイ会社（ダミー会社から源泉徴収票を発行する、など）を活用したり、虚偽のマイナンバーで報告する、あるいはマイナンバーをデリヘル嬢から収集すらしないで、問題が起きたら代表者を代えるなどの強硬手段をとっているようだ。

マイナンバー導入による人手不足で風俗業界がしぼむかと思いきや、そんなことはまったくなかった。意外かもしれないが、むしろ風俗産業は不景気のあおりも受けず好調だ。

不況といわれていたころ、私は某税務署の繁華街担当をしていた。年明けの店舗型ファッションヘルスの内観調査をしたのだが、(元旦が休みのため2日から)ヘルス嬢全員が開店から閉店まで予約でいっぱいだった。同僚はほかの店舗を巡回したが、ほとんどの店舗が同様の状態だったことに驚いた。

需要があり労働単価の高い「稼げるステージ」があれば、自然と人材が集まるものだ。マイナンバーの処理リスクを経営側がかぶることを約束すれば、デリヘル嬢でもクラブ嬢でも従前と変わることはないのかもしれない。

2 「坊主丸儲け」は本当か?――宗教法人

宗教法人も課税される

宗教法人の申告漏れニュースを目にする機会は珍しくない。税の優遇を受けているのに申告漏れなどとんでもないとか、宗教家として税逃れはいかがなものかなど、論評はさまざまだ。

そもそも宗教法人が関係する税金にはどんなものがあるのか。宗教法人自体が納税義務者になるものとして、法人税、消費税などがある。株式会社などの営利法人は、すべての所得が課税対象なのに対して、宗教法人は「収益事業」と呼ばれる34種類の事業だけが課税対象となっている。

なぜ非営利である宗教法人に課税対象が存在するのか。収益事業を課税対象とする理由として、営利企業との課税の公平性などが挙げられる。宗教法人が営利企業と同じビジネスをして、片や非課税、片や課税では勝負あったとなり、営利企業はたまったものではないからだ。

収益事業の一部を列挙すると、物品販売業、不動産販売業、金銭貸付業、物品貸付業、製造業、通信業・放送業、運送業・運送取扱業、倉庫業、請負業、印刷業、出版業など、営利企業の実業のほとんどをカバーしている。もちろん、信者が宗教法人を支えるために拠出するお布施、玉串料《たまぐしりょう》、寄付金などは収益事業から除かれ非課税である。

住職や宮司の社宅はやむを得ない

また、宗教法人は源泉徴収義務者になることもある。宗教法人の役員や使用人に給料を支払った場合に、受給する人の所得税を源泉徴収して税務署に納付するからだ。現金支払いの給料のほか、「フリンジベネフィット（経済的利益の供与）」をした場合にも源泉徴収の対象に含める必要がある。

フリンジベネフィットの例として、社宅の低額または無償貸し付けがある。マンションを自分で賃借するのに比べ、社宅は低額で借りることができる。社員が得した差額分には、会社が社員に給料を支払ったとの同様の経済的な効果がある。だから得した分に所得税を課すのがフリンジベネフィット課税なのだが、実際に計算すると課税対象が甘いものとなっていることも多く、社宅制度がないサラリーマンにはやや不公平な制度となっている。

企業と同じように、宗教法人にも社宅のようなものがある。住職や宮司《ぐうじ》が庫裏《くり》や社務所に居住するケースだ。宗教法人が居住者から賃借料を徴していない場合、フリンジベネフィットに課税する必要があるのか？

国税庁のパンフレットを見ると、「宗教法人の住職や宮司等が庫裏や社務所等に無償で居住している場合には、その庫裏や社務所等に居住することは、職務の遂行上やむを得ない必要に基づくものと認められますので、それが、通常、住職や宮司等が居住する家屋又は部屋として相当なものである限り、源泉徴収の対象にする必要はありません」とある。見方によっては、これも宗教法人への税優遇の一つといえよう。

では宗教法人の申告漏れにはどのようなケースがあるのか。報道されたものを中心に探っていこう。ちなみに、東京国税局管内の大規模宗教法人の調査担当部署は、課税第二部・資料調査第三課、つまりリョウチョウが所管している。

お守りやおみくじに課税できるのか？

収益事業に該当するか否か。ここが分かれ道で、収益事業なら課税、非収益事業なら非課税となり、宗教法人のキャッシュフローに多大な影響が出る。課否判断（課税するかどうかの判断）は簡単そうに思われるかもしれないが、意外とそうでもない。

物品売買業を例にしてみよう。お守りの販売は、宗教法人の収入源の大きな柱の一つとなっている。広くいえば物品売買には違いないのだが、お守りの「物としての価値」を購入するのではなく、あくまでも御利益があると思って買うことになる。したがって金銭の支出の実質は、喜捨金相当といえるため収益事業から除く。つまり非収益事業となるわけだ。

国税庁の通達では、宗教法人の物品販売のうち、「物品販売業」から除くものとして、「宗教法人におけるお守り、お札、おみくじ等の販売のように、その売価と仕入原価との関係からみてその差額が通常の物品販売業における売買利潤ではなく実質は喜捨金と認められる場合のその販売は、物品販売業に該当しないものとする」としたうえで、「ただし、宗教法人以外の者が、一般の物品販売業として販売できる性質を有するもの（例えば、絵葉書、写真帳、暦、線香、ろうそく、供花等）をこれらの一般の物品販売業者とおおむね同様の価格で参詣人等に販売している場合のその販売は、物品販売業に該当する」（法人税基本通達15-1-10（1））としている。

参考までに補足するが、国税庁通達とは国税庁が法令解釈などを示すもので、国税職員は従わないといけないが、かといって納税者を縛るものではない。とはいえ、通達を基に税務職員は課税処分をするので、納税者が通達以外の方法で申告処理をした場合には、更正処分や修正申告書の提出などを求められることになる。

ではキティちゃんなどキャラクターのお守りはどうか？　キティちゃんのお守りは、宗教法人の刺繍を入れる、ほかの場所で売らないなどの約束があれば非収益事業でよさそうだ。これはただの感想だが、ご利益があると思った人がキティちゃんのお守りを買うというのも、大変に不思議なことではある。

1個2000万円の仏舎利はお布施

次のケースはどうだろうか。

- 原価1万円の壺を教祖の波動を注入してお守りとして2000万円で売る場合は？
- 破格な印鑑セットを売る場合は？
- 教祖の尿を1000万円で売る場合は？
- 教祖直筆のサインをお守りとして数百万円で売る場合は？

これらの課否判定は、実は簡単ではない。喜捨金と認められるかどうかの線引きが難しいからだ。似た具体例で考えていこう。

かつて、耳の裏か手相か足の甲か身体の一部分だったと思うが、教祖がその一部分を観察して、「鑑定料」をお布施として徴していた宗教法人があった。信者一人一人を教祖が鑑定するには時間を要するため、鑑定自体は金を集めるには効率的ではないことに彼らは気づいた。そこで、教祖なのか知恵ある教祖の側近なのかわからないが、高収益のアイデアを考え出した。物として売ればいいのだ。

彼らは「仏舎利《ぶっしゃり》（釈迦の骨）」を販売することにした。すると、かなり高額の1個あたり2000万円を信者から集めることができた。

しかし、それを問題視した国税局は調査することとなった。宗教法人は、仏舎利の引き渡しは宗教事業であり、販売収入はお布施・喜捨金の類であり収益事業に該当しないと主張した。それに対して当局はどう対応したのか。税務調査で当局は、仏舎利1個当たりの体積と販売個数から総体積を推計する方法で、課否判定をすることになった。

結果はどうだったか。なんと仏舎利から人間1人以上の数値が算出されてしまった。しかも、まだ彼らの手元には「在庫」が残っているという。お釈迦様の骨が、万が一、すべて日本に渡ったとしても、それを上回るとなると……。結論は「彼らは別の人間や動物の骨を仏舎利として信者に売りつけていた」となる。

さて、こうなると何の骨かもわからないものを売りつけて暴利を貪《むさぼ》っているわけだから、国税局としては課税したくなってくる。どのようなプロセスで当局は検討するのか。

国税組織はピラミッド型で、国税庁を頂点に、国税局、税務署という構成だ。調査や徴収の現業は国税局以下で実施しており、取扱いで前例がないものなどの重要案件の最終決裁は国税庁に上申して指示を仰ぐ。したがって仏舎利の話も、国税局単独では判断できないので国税組織として検討した。結果、収益事業に該当せずということになった。

原価と販売価額を比べれば超高利益率の「仏舎利疑似物品」を騙して販売しているのだから、みなさんは収益事業だろうと思われるかもしれない。だがお金を支払う側である信者からの純粋な目で見れば、お布施や喜捨金以外の何物でもない。

このように収益事業に該当するか否かというのは、34業種の一つをとっても難しいわけで、宗教法人をめぐる課税トラブルが少なくないのもおわかりいただけるのではと思う。

ちなみに報道などによると、前述の教祖は年間をとおして都心高級ホテルに居住しており、宗教法人の金銭を私的流用していたとして、数十億円のフリンジベネフィット課税をされたという。

信者に事業をさせて資金源に

宗教法人を取り巻く税務調査は、宗教法人本体だけをウォッチしていればいいわけではない。というのも、宗教法人の指揮下にある別の事業体から、裏寄付金などで回収して「裏金」にしてしまうケースがあるからだ。収益事業だろうが非収益事業だろうが本来は役員が資金を費消した場合には源泉所得税を徴収するが、別の事業体でスキームを作れば闇から闇に「裏金」が流用されるため、税逃れが容易にできるのだ。

別の事業体であることは、宗教法人本体の「税務調査追徴リスク」も軽減できるから一石二鳥だ。申告漏れがニュースになると、宗教法人としてはイメージダウンとなり痛手だ。関係者の処分にまで及ぶこともある。けれど別の事業体を作り、要因を外に持っていってしまえば何かあっても知らんぷりできる。まさに対岸の火事になるのだ。

実際のケースで考えてみよう。ある宗教法人には、理系の優秀な人材が集まっていた。頭脳集団だけにとどまらず、腕のいい料理人もいた。さまざまな専門家がいるといっていい。さて、税メリットを考えて何かいいスキームはないか。外見上は、あくまで合法というのが基準となる。

そこで株式会社を設立することによりパソコンショップと飲食店を運営し、宗教法人関係者以外の者によって株主、役員などを構成した。パソコンショップの店員は親切、丁寧かつパソコンにも詳しかった。東京・秋葉原のパソコンマニアの間でも店の評判は広まり商売繁盛となった。同じように飲食店も味とサービスがよいと評判になり繁盛した。それぞれの店員はすべて信者である。信者にとって宗教法人のフロント企業で働くことは、「徳を積む」ことにもなる。ゆえに彼らは弱音を吐かずに必死で働いた。

では、この宗教法人はどこで裏金を捻出したのか? 前節で紹介したような手法で売上を除外して申告し、その除外資金を回収したというわけではない。それでは合法ではなく、ただの脱税だ。ポイントは脱税しないで、どうやって裏金を作るのかにある。

答えは「信者の給料」である。給料日になると関係会社から信者の銀行口座に振込送金する。信者の通帳と銀行カードは宗教法人関係者が所持しているので、全額をＡＴＭで出金して（店員は出家信者なので）小遣い程度を店員に現金で手渡しする。そして残額を宗教法人の活動資金にするのだ。このスキームが明るみに出たきっかけは防犯カメラだ。銀行ＡＴＭの防犯カメラの映像に、同一人物が出金する様子が収められていたのである。

信者の労働力を搾取

なるほど信者の人件費は労働対価であるのは違いないから、税務上の問題は出ないというわけだ。利益全部を信者の人件費にすれば課税される利益も出ない。利益が出なければ国税はなし、地方税の均等割７万円だけで税負担は済む。消費税も当時は、資本金１０００万円未満で設立すれば２期は免税だった。ほとんどの国税から見事に逃れていたといえるだろう。

しかし、彼らはスキームこそ合法っぽくは仕立てたものの、肝心の会社の申告をまったくしていなかった。そのため、当局が税務調査に入ることになった。

調査では宗教法人に帳簿書類の保存がなく、やむなく推計課税に頼らざるを得なかった。推計課税は前節でも登場したが、実額ではなく売価や利益率などから利益を推計する調査手法だ。一般的な税務調査で採用することはほとんどない。

飲食店は食材の仕入れ数と売価で利益を算出した。パソコンショップは部品を海外から輸入したものを自社で組み立てて販売していたので、税関に反面調査で資料収集、販売個数を推計したうえで売価から利益を算出した。両方ともかなりザックリした数字で、本当の利益の近似値なのかも不明だった。そもそも、推計課税とはそういったものだからしようがないが……。

さて、最後はどうなったのだろうか。調査対象法人は解散し、残余財産を把握できず、課税処分はしたものの徴収できず、というさんざんな結果だったようである。もとより、国税としては徴収見込みのない案件で、社会的要請に基づく国策調査のような類の案件だった。

宗教家の裏金づくり

宗教法人がきちんと収益事業として申告していたとしても、手放しですべてOKというわけではない。当たり前だが、問題は申告内容が適正かどうかである。

都内のある神社で、5年間で1億円の申告漏れを東京国税局から指摘されたとのニュースが流れた。多くは売上や経費を誤って別の期に組み入れてしまう期間ずれの損益だったが、なかには不正計算もあったようだ。手口としては、経費として支出されたカネが、神社幹部や職員の飲食費や懇親会費に充てられたとされ、国税局はこの部分について所得隠し（重加算税対象）として処分したようである。お賽銭《さいせん》で飲ませていただいた、とでも思っていたのだろうか。予想収益を上回る結果を神様とともに祝っていたのかもしれない。

寺社での収入除外のパターンには、お布施の収入を除外する手法がある。先に述べたように、お布施自体は非収益事業で法人税は非課税だ。しかし、お布施を住職や使用人が費消した場合には、所得税課税が行われる。そこで所得税課税をされたくない彼らはお布施を裏金にするのだ。その裏金で遊興費などの私的流用をすることになる。

お布施収入の調査は、過去帳（個人の戒名、死亡年月日、享年などを記録するもの）や塔婆《とうば》（墓の後ろに立てられる細長い木製の板）の現物確認をして、帳簿の収入との照合により行われる。墓石業者や葬儀業者からのリベートにも注意が払われている。

ラブホテルを経営する宗教法人？

不動産の販売業は収益事業で課税対象となる。販売用資産は「たな卸資産」と呼ばれる。しかし、宗教法人が「固定資産」として保有している不動産の譲渡益は非課税となる。本来、固定資産としての譲渡は宗教法人にとって非日常的な収入なので、これに課税するのは相当でないというのが理由である。

これを逆手にとった脱税をもくろむ輩があとを絶たない。とはいえ、この手法が使えるのは宗教法人など限られた公益法人だけだ。○○○真理教事件以後、宗教法人の新規認可は難しくなっているようである。どのようにして脱税するのか？

簡単だ。宗教法人を購入すればいいのだ。インターネットで検索すると宗教法人の売買がされている。ネットオークションで出品されたこともあった。新規認可に金と時間がかかるなら、中古を買ってしまえとなるわけである。

宗教法人を買収後、固定資産として不動産を取得する。これならば不動産を売却して利益が出たとしても、課税されることはない。これで大儲けできる……と、そんなにうまい話があるわけがない。もちろん売買の頻度や利益によっては、当局がスルーする場合もなくはない。しかし、宗教法人を外見上で悪用して売買していることがバレないわけがない。当局に税務調査選定されれば即アウトだ。実際に、平成21年（２００９年）には渋谷の地上げ屋が、岐阜県の休眠宗教法人を悪用し、約57億円の所得隠しで摘発されている。「不動産譲渡益を宗教法人で隠匿してしまえ」というのは百歩譲って屁理屈としてアリだったとしても、世の中にはもっとえげつないことを考える輩がいるものである。何と宗教法人でのラブホテル経営である。

休眠状態にあった香川県の宗教法人を購入して、さらに23軒のラブホテルを買収。その宗教法人がラブホテルを運営していたという。ホテルの入口に観音様がいて、部屋には「お布施」を入れるトレーがあったそうだ。このお布施の４割、14億円を非課税として処理したとして、この宗教法人は平成21年（２００９年）に所得隠しを指摘されている。

変わったところでは、セミナー企画会社が静岡県の宗教法人の代表権を購入、セミナー受講料を「寄付金」として宗教法人の銀行に振込させて、約27億円の所得隠しをしたとされ、平成25年（２０１３年）に当局に摘発されている。

食生活♥♥ロピ
ロピア
希望が丘店
☎045-390-39

2018年08月11日(土)10:50 レジ0
責No00030062日高
チNo00030062日高
ｸﾒ納豆 秘伝金印ﾐﾆ3
ﾌﾙｸﾞﾗﾁｮｺｸﾗﾝﾁ&ﾊﾞﾅﾅ ¥
超熟10枚 ¥
ｵｰﾙﾌﾘｰﾗｲﾑｼｮｯﾄ350*6 ¥
ダノンビオ砂糖不使用脂肪0
2コＸ単149 ¥
薄皮こしあんぱん（5） ¥
A ﾌﾝﾜﾘｺﾞﾊﾝ国内産 200*5 ¥
(外税 対象 ¥2,143)
外税計 ¥
(消費税等 ¥1
合計/ 8点 ¥2,31
お預り ¥3,
お釣り ¥70
レシートNo7040 店No000

DNAの置物で10億円を稼ぐ

課税処分が妥当だったのかと思われるニュースもあった。北陸の宗教家が自身の「DNA情報を入れた置物」の収益の約10億円を、買収してきた宗教法人の銀行口座に隠したとして平成21年（2009年）、金沢国税局が所得隠しを指摘した。ぶっちゃけて言えば、仏舎利やキリストの骨を売って非課税なら、本人のDNAを入れた置物のほうが信心の濃い信者ならありがたいと思うが……。

報道からは課税に必要な「事実認定」の材料がわからないので、正確なところは不明だ。もし課税が正当という前提に立てば、おそらく宗教法人を「後づけ」で立ち上げて、あとから処理をしてしまったのだろうと想像する。

この場合、事前に宗教法人を買収するなどきちんとしたスキームに則《のっと》って計画的にやっていれば、もしかしたら無税でプールできたかもしれない。宗教法人の「法人格の否認」をしてまで課税するのは無理があり、当局も安易に課税ができないからだ。結果、このケースは宗教家個人への課税となったようだ。所得税として課税されたとなると、ざっくり半分が税金となる。こりゃ大変だ。

ここまで見てきたように、宗教法人を買ってきて利益を隠蔽するケースでは、曲がりなりにもビジネスとしては「立派な成果」があるわけで、それぞれ商売のセンスがあるのだと思う。真っ当に申告していれば、法人税なら3割程度の税金で済んだものを、マルサが告発する案件になると大変だ。「追徴本税＋重加算税＋延滞税」に加えて「地方税本税＋重加算金＋延滞金」さらに「罰金」となり、これまでの利益がすべて吹っ飛ぶことになる。もったいないものだ。

なぜ宗教法人は売買されるのか？

少し視点を変えてみよう。なぜ宗教法人の売買がされるのだろうか？

理由はさまざまだ。信者からのお布施だけでは宗教法人の運営維持ができないケースや、後継者の不在という事情もある。戦後、物価は上がり続けたが、地方に行くと葬儀の相場が変わらないというところもあるぐらいで、それほど儲からないのだろう。学校の先生や役場の公務員と兼業というのも少なくない。

宗教法人の維持運営のために自分の金をつぎ込むのは、なかなか大変なことだと思う。そこで、お金をつぎ込むぐらいなら売ってしまって退職金の代わりに、となるのかもしれない。

もちろん買う側の事情や思惑もある。純粋に自分の宗派などの宗教法人を手に入れたいとか、何かの節税に使えないかともくろむなどだ。宗教法人にはこうした需要がある。だからこそ、宗教法人自体を活用するわけではなく、不動産売買のような感覚で宗教法人売買をビジネスにする輩がいる。需要と供給があればビジネスが成立するのだ。

文化庁によると、全国の宗教法人数は約18万社、このうち休眠状態(文化庁では「不活動宗教法人」と呼んでいる)の宗教法人は3694社(平成26年(2014年)12月末現在)あるとされている。休眠宗教法人をめぐる租税回避の問題は、職権による強制解散などの措置をしない限りなくならない。

「坊主丸儲け」の不条理

何回も述べるようで恐縮だが、非収益事業の法人税は非課税であるが、収入を役員や使用人が費消した場合には所得税を源泉徴収しなければならない。ところが、このルールを守らない聖職者は驚くほど多い。

京都府のある宗教法人は、宗教活動で得た非収益事業の収入のなかから、代表者が祇園あたりのクラブの飲食代や友人との国内外の旅行代などに使っていたという。本来は宗教法人が個人的に費消した金額を源泉徴収しなければいけないのだが、これをまったくしておらず、平成23年（2011年）までの5年間で源泉所得税約4200万円の課税漏れを当局に指摘され、追徴税額は約1500万円にのぼった。計算すれば年間800万円の豪遊である。

また、同じ京都府内の別の寺院では、敷地を売却した際に出た譲渡利益を宗教法人名義でプールし（固定資産の譲渡なので非収益事業、よって法人税は非課税）、その後、住職名義の預金に移し替えて個人的に流用。宗教法人として、約2億6000万円の源泉課税漏れを指摘された。

さらに兵庫県内の寺院でも、副住職が法人の資金を飲食代に流用し、約3000万円の課税漏れが指摘されたという。

よくもまぁ、出るわ出るわ。こんなことばかりしていると「坊主丸儲け」なんていわれても、まったく擁護《ようご》のしようがない。

宗教法人は、所属する宗派の上納金（コンビニエンスストアのフランチャイズ加盟金のようなもの）、袈裟《けさ》（僧侶の衣服）、上部組織幹部の接待費用など、運営にはとかく金がかかるようだ。しかしながら金がかかるということ自体が、税逃れの一因になっていないだろうか。

本節では、ここまで宗教法人の税問題を取り上げてきたが、問題の多くは制度ではなく、むしろ個々のモラルにあることがおわかりいただけただろう。

例えば、資金管理がいい加減なことと運用・監視機関がないことによる内部牽制の不徹底だったり、宗教法人を隠れみのに使うなどの遵法精神の欠如などであったりする。前者は、個々の宗教法人の税務モラルを確立し、的確なマニュアルを策定して実行することで問題解決ができそうだ。しかし後者はどうだろうか。つまるところは悪用する者の個性の問題なので防止のしようがない。まったく困ったものだ。

3　うちの社長はなぜ脱税したのか?――中小企業

なぜ脱税は中小企業に多いのか?

「日本の税金は高い」といわれるが、利益の全部を持っていかれるわけではない。個人の最高税率は図表1－4のとおり55%(所得税45%+住民税10%)だが、計算過程で各種所得控除や税額控除があるので、実利益に対する税負担率はさらに下がる。一方で法人の実効税率は29・96%で、イギリスやアメリカの減税が進めば企業の国際競争力の足を引っ張らないために、日本も減税せざるを得ない。法人税はひと昔に比べて年々下がっている。

脱税というのは、事業規模が大きくなるほど、やりにくくなる傾向にある。一般的には内部統制・牽制が作用するからといわれている。中小企業がするような脱税は、大企業ではなかなかできない。代わりといっては何だが、結果として脱税となる「横領」が大企業では少なくない。報道で「税務調査の過程で横領発覚」というニュースをみなさんも聞いたことがあるだろう。

大企業は株主や従業員などステークホルダー（利害関係者）が多く、利益を前年同水準並み（または以上）にしたい反面、利益急増も好まない。売上や利益を常に「前年度比」のものさしで見られるため、利益が急増してしまうとその翌年が大変だからだ。したがって、大企業は脱税というクロの手口ではなく、「利益平準化のための利益調整」に傾注する。

「大企業は公認会計士監査がある会社もあるし、利益調整なんかできるわけがないでしょう」と思われる方がいるかもしれないが、そんなことはない。国税局調査部（大企業を所管）の調査事績を見ればわかるが、大企業も利益を別の期に移すことでごまかすことがあり、当局はそうした不正をしっかり調査して期間損益についても追徴している。

図表1-4　所得税率表

課税される所得金額	税率	控除額
195万円以下	5%	0円
195万円を超え330万円以下	10%	97,500円
330万円を超え695万円以下	20%	427,500円
695万円を超え900万円以下	23%	636,000円
900万円を超え1,800万円以下	33%	1,536,000円
1,800万円を超え4,000万円以下	40%	2,796,000円
4,000万円超	45%	4,796,000円

資料：国税庁ホームページ

行政手続と刑事手続

さて、税務調査には2種類あることをみなさんはご存じだろうか。通常の税務調査は国税通則法の質問検査権に基づく調査（行政手続）であり、一罰百戒が必要な多額不正の税務調査は国税犯則取締法に基づく調査（刑事手続）が行われる。

前者は国税局課税部（税務署を含む）が担当するのに対して、後者は国税局査察部（マルサ）が担当する。マルサの場合、調査結果を検察庁に告発、検察官の判断により起訴されることになる。

大企業の不正が多額であることを考えると、普通はマルサが大企業を告発すると考えがちだが、多額の追徴で重加算税が課税されたという報道でもマルサがやったという話は聞かない。実は大企業がマルサに告発されたという案件は、なかなか見ることができないのだ。これには二つの理由がある。

一つは、「罪の重さ」である。申告した所得が1000億円の会社が1億円の脱税をした場合と、申告した所得が500万円の会社が1億円の脱税をした場合、どちらが許せないとみなさんは思うだろうか。申告した割合という観点から見れば、やはり前者のほうが罪は軽いとみなされる。

もう一つは、「脱税部分だけの立証」はできても「公判維持が困難」という点だ。例えば1000億円の所得がある会社を告発するとしよう。その裁判中に、実は損金（経費と同義）漏れが2億円あったら、追徴どころか取りすぎた税金を戻す還付になってしまう。そうなると公判の維持ができなくなる。つまり所得全体について、国側のマイナス要因がないことが確認できないとマルサは動けないのだ。

「会社の相続」という大問題

回りくどくなったが、本題に入ろう。本節で取り上げるケースは、「中小企業」の脱税だ。なぜ中小企業なのか？　理由はここまで説明してきたように、大企業よりも中小企業のほうが悪さをする輩が多いからだ。そして本節で扱う中小企業のケースはずばり「会社の相続」に関わる脱税である。

会社は相続と無縁のように思われがちだが、長い間に利益を計上してきたような中小企業では、相続税（贈与税を含む）でトラブルが起きるケースが意外と多い。「株式」は現金

図表1-5　相続税率表

法定相続分に応ずる取得金額	税率	控除額
1,000万円以下	10%	—
3,000万円以下	15%	50万円
5,000万円以下	20%	200万円
1億円以下	30%	700万円
2億円以下	40%	1,700万円
3億円以下	45%	2,700万円
6億円以下	50%	4,200万円
6億円超	55%	7,200万円

資料：国税庁ホームページ

や不動産同様に相続財産にカウントされるからだ。

日本の相続税は、図表1－5にあるとおり相続財産の額が高ければ高いほど、税率が高くなる税制になっている。

長い間、経営が安定してきた企業ほど、内部留保（過去の経営成績の集大成）の額が予想外に高額になっていることが少なくない。ただし、同族会社（家族や知人など、少数株主が支配する会社）の株式は、上場株式と違って市場で簡単に売買できない。そう、つまり「売れない」のである。

中小企業の株式は、換金性がきわめて低い株式であるのと同時に、仮に換金できたとしてもその株式を購入する人に経営権を奪われる危険がある。売れなくても売れても、どちらに転んでもあまりいいことがない。にもかかわらず「価値がないのに相続税が課される」困った財産なのだ。

現金、預金などの金融財産が豊富で、納税資金に困らない人であれば保有し続けても問題ないだろう。だが自宅である不動産くらいしか目ぼしい財産がない人で、さらに同族株式の相続税評価額が高いとなれば、目も当てられない。相続税対策のために、自分の人生そのものといっても過言ではない会社を手放すか、愛着のある自宅を処分するか、はたまた銀行から金を借りるか。必ず厳しい選択を迫られることになるだろう。

中小企業の事業承継の難しさは、たんに後継者不在といった問題だけでなく、実はこうした「同族株式」の相続税問題に大きく起因している。同族会社の事業承継をするためには、売れない同族株式以外の財産で相続税を払わなければならないのだ。もちろんそうした問題は広く知られており、最近も事業承継がスムーズに行えるように税制は改正されている。だがその改正も雇用維持などの諸条件に制限があり、そう簡単には解決できないのが現状だ。

「名義株」という脱税手法

本節で紹介するのは、相続を発端とした「名義株」の税金逃れ手法である。知らない人のために、まずは名義株の説明をしておこう。

会社が発行する株式は、株主名簿に記載された株主（＝真の株主）というのが普通だが、「真の株主以外の者」が株主名簿に記載された場合、その株式を「名義株」と呼ぶ。名義株の「真の株主」は、名前の使用について名義人の了解を受けている場合だけでなく、無断使用することがある。

旧商法（平成2年（1990年）以前）では、株式会社を設立する際に発起人が7名必要だったので、起業者だけでは人数が足りないことがあった。このため起業者の家族や知人から「名前を借りる」必要があり、当時、名義株は特段にめずらしいことではなかった。

ところが問題は、名義を貸している人が名義株の存在を覚えていないケースがあることだ。適正な措置をする前に名義人が死亡してしまった場合などは、やっかいなケースに発展する。例えば、諸事情を知らない名義人の相続人が株主としての権利を主張し、ときには無理難題の株主提案をするなど、会社運営に悪影響を及ぼすことがあるのだ。

この名義株を、相続税逃れに利用する人たちがいる。相続税だけではなく、何と法人税にも悪用できることもある。一挙両得とでも言おうか。

事業承継を余計な税負担をせずに解決したいという考え方は、同情する点もなくはない。しかし、税務署にバレたときの代償はことのほか大きく、ヘタをすると一挙両失になりかねない。次に、税務調査により一挙両失ともいえるダブルパンチをくらったケースを紹介しよう。脱税のケースを物語にすることで当事者の動機を明確にできるため、お伝えする方法に工夫をこらしてみたいと思う。きっと「名義株対策は決してやってはいけない」ことである点を、みなさんにも理解していただけることだろう。

精密機器メーカーA社の場合

A社は精密機械メーカーで、現在の社長はいわゆる二代目社長である。先代から事業をバトンタッチした時点では、内部留保もそれほど多くはなかったが、パソコンやスマートフォンの普及により自社製品の売上が右肩上がりになっていった。資本金も数年に一度の増資を経て2億円になっている。中小企業としては、まずまずの経営成績であるという自負が社長にはあった。

ある朝、新聞を見ていたら、中小企業オーナーを対象とした相続対策セミナーに、ふと目が留まった。セミナーに参加してみると、講師がさかんに「同族会社の株式の相続税評価額に気をつけなさい」と言っている。相続税の仕組みなんか知る機会がなかったので、セミナーのあとに、顧問税理士に自社株評価を依頼した。なんと自社株の相続税評価は10億円をオーバーしていた。仮に今この瞬間に自分が死んだとすると、法定相続人が負担する相続税は3億円にのぼる。まさに驚きの結果となった。

先代から会社を継いで、がむしゃらに会社のためにがんばってきた。役員報酬は同業種・同規模に比べれば高いほうかもしれないが、贅沢三昧できるほどはもらっていない。何より会社の体力を増強すべく、内部留保に力を注いできた。そうした努力の結果がこれなのか?

自宅は会社が借り上げているマンションで、自分にこれといった財産があるわけではない。家族は妻と、子供が3人。いちばん上の子が大学生になったばかりで、しばらくは教育資金が必要となる。もし自分に何かあったとして、相続税が3億円かかるなんて言われても、残された家族は困るだけだ。会社からの死亡退職金が一瞬でパーになってしまうだろう。

何とかしなければという気持ちになり、社長仲間から相続税対策に強い税理士を紹介してもらうことになった。自社の顧問税理士は「適正申告」の直球1本みたいな堅物だったので、節税相談することには後ろめたさを感じていたからだ。紹介してもらった税理士とのミーティングには、約束どおり自社の法人税申告書3期分と所得税申告書3年分を持参した。

節税税理士の提案

聞くところによると、節税税理士は国税局OBだという。相続税の超大口案件を取り扱う課税第一部資料調査第二課の在籍が長く、政治家、芸能人などを含む多くの著名人を調査してきたそうだ。

この節税税理士は、手渡した申告書にザッと目をとおすと、「このまま会社の好況が続けば、もし続けばではありますけど、相続税はもっと大変なことになりますよ」と言った。さらに、「御社は、特定同族会社の留保金課税の対象だから、法人税も余計に払っているねぇ」とも言った。

節税税理士からは「法人税の留保金課税」がどんな税金なのかについて説明を受けた。会社というのは利益が出れば株主配当や役員ボーナスを出すことがある。特に上場会社は株主配当について配意することになる。株主は重要なステークホルダーだからだ。配当や役員ボーナスを支払うと、所得税が源泉徴収される。つまり国としては税収が増えることになる。これが上場企業をはじめ大きな会社で行われていることだ。

一方、株主が少ない同族会社の場合、役員＝株主という構図が多く、無理して株主配当を出す必要がない。それに上場会社の配当税率（源泉）が約20・315％（大口株主を除く）なのに対し、非上場会社の配当は「総合課税」といって累進税率（給与などほかの所得と合算、所得が高額になるにつれ税率も高くなる）になり、税負担が増えることにもなる。臨時の役員ボーナスは法人税の損金にすらならない。

であれば配当や役員ボーナスなんか出さなければいい。そもそも同族会社は配当や役員ボーナスを出さなくても済む環境なのである。では出さないで会社にプールしたらどうなるか。そう、国の税収にならないのである。そこで法人税法では、一定の同族会社（資本金1億円超などの条件）には、留保金（会社にプールした額）に対して課税するという制度を設けている。

なるほど、うちの会社は将来の相続税だけでなく、過去から余計な法人税を払ってきたのか。何か損した気分だな。節税税理士に質問した。「先生、何かよい解決策はありませんか？」「株主構成を変えればいいのですよ。『特定同族会社』にならなきゃ法人税の留保金課税はないし、あなた名義の株が少ないだけ、奥さんや子供が払う相続税が少なくなるのだから」。理論的には解決できるらしい。節税税理士はさらりと言ってのけた。

税金逃れで小遣いを捻出

自社に戻ってから、「新しい株主」の選定に知恵を絞る。口の軽い奴はダメ、すぐに退社しそうな奴もダメ、病気持ちもダメ、同族会社の株主判定は親族を含めるから身内はダメ。節税税理士のアドバイスに従って20人ほどリストアップした。全員の了承を取りつけて、株式譲渡契約書を作成、株主名簿の変更、取締役会などの「形式的な書類」も抜かりなく作成した。もちろん株式の譲渡代金の授受はしない。そりゃそうだ、あくまで名義を借りただけであり、名義変更しようがオレの株に違いないのだから。

ただし節税税理士によると、株式を「譲渡した」ことにするから、所得税の譲渡所得の申告・納税だけはしておかないといけない、とのこと。法人税申告書別表二には株主が記載され、前期から株主に異動があると税務署のチェックがあるようだ。

株式譲渡にかかる税金は、株式譲渡価額から譲渡原価や手数料を引いた残額の20・315%となる。1億数千万円の譲渡所得税は、自社から融資を受けて納付した。将来の相続税や今後の法人税に比べたら安いものだ、と正直思った。これで気が楽になり、商売にも力が入るというものだ。

それから数年が経っただろうか。法人税の留保金課税がなくなり、税負担がなくなった分を事業投資に回せるようになった。それだけではない。裏の小遣いの捻出までできてしまった。

やり方は簡単だ。名義株について毎期配当を出す。でも全部はあげない。そりゃそうでしょう。もともとはオレの株なのだから。とはいえ、タダだと税務署にチクられるかもしれないから、配当金から「不正協力料」を差し引いた額を名義株主からバックさせている。これがオレの小遣いになるってわけ。一挙両得とか一石二鳥っていうのは、こういうことをいうのだなと実感した。

うちの顧問税理士も、こういう妙案をもっと早くアドバイスしてくれればよかったのに。先代からの付き合いだから仕方なく継続してきたけど、そろそろ提案型の有能な税理士に代える時期かもしれないな……。

リョウチョウの調査は突然始まる

ある火曜日の朝8時45分。自宅のインターフォンが鳴った。朝っぱらから誰だよ、まったく。妻と子供全員が出払っていたので、仕方なく自分で対応した。

「はい、どちら様？」

「おはようございます。東京国税局の者ですが○○さんでしょうか」

「はぁ？　国税局の方が何の用ですか。意味がわかりません」

「御社の法人税、消費税の調査にお邪魔しました。突然で恐縮ですが、調査には代表者のご協力が必要なため、ご自宅にも参りました」

「自宅にもって？」

「ご自宅のほか、本社、銀行、取引先にも国税局員がお邪魔することになります。ロビーでは人目につきますので、どうぞ玄関でけっこうですので入れてください」

玄関で調査担当者と名刺交換した。名刺から、東京国税局課税部資料調査《リヨウチヨウ》課という所属が確認できた。突然のことでわけがわからなかったが、係官といっしょに自社に出社して調査を受けることになった。

調査では、名義株主に対する反面調査が徹底して行われた。最初は何のことかわからなかったが、あとから反面調査というのは調査対象者の調査だけでは事実の確認ができない場合など、関係者への調査をすることにより裏づけを補完する調査のことだと知った。

反面調査の優先順序

ここで名義株という反面調査のわかりやすい事例が出てきたので、社長に代わり私からも解説を少し加えさせていただこう。

実は反面調査は綿密な段取りが成否を分かつ。反面調査先によっては、調査対象者との関係の強弱により虚偽通謀、真実を話さない者がいるからだ。したがって、反面調査の順序には当局は相当の注意を払う必要がある。

名義株の反面調査先で優先される順序の一例を挙げると、次のようになる。

1　中途退職者……会社に不利なことを話す可能性がある
2　退職後相当期間経過している者……会社に対する義理が薄れるため話しやすい
3　会社と無関係な者……名義株主になってしまったことの不安がある
4　配偶者との姻族関係者……会社との関係が薄く、真実を話す可能性がある

また、名義株主への反面調査での主な聴取事項をあげるならば、次のとおりだ。

イ　会社との関係
ロ　設立、増資の依頼は具体的に誰からあり、なぜ出資に応じたか？

ハ　出資金額の原資はどこから入手したか？　どのような方法で払い込んだのか？
ニ　株券は持っているのか？
ホ　株主総会の案内が来るか、出席はしているのか？
ヘ　事業年度ごとにアニュアルレポート（決算書等）の送付はあるか？
ト　配当金はあるか、その受領方法（現金、振込、小切手）は？

こうしたことを一つ一つ聞き、少しでも怪しい点があれば突っ込む。実態がどうかを見ることで、形式上の株主であるかそうでないかの真実が見えてくるのだ。

社員のモラル崩壊に直面

さて、社長の話に戻ろう。当局の調査が入ったあとはどうなったのだろうか。

反面調査により株式買い取りの経緯、資金の調達方法などを厳しく追及され、一人の名義株主が「完落ち（すべて自供）」した。それを機に全員が自供することとなり、問答の一部始終については、「質問応答記録書（調査において聴取した事項のうち重要なものについて、事実関係の正確性を期すために、その要旨を調査担当者と納税義務者等の質問応答形式等で作成するもの)」にまとめられた。

調査の結果、真の株主として特定同族会社の再判定による留保金課税の追徴、名義株の配当申告漏れの指摘を受けた。

さらに税務調査の過程で名義貸しをした古株の役員の横領が発覚、下請け先から当社に「水増し外注」させてキックバックさせていたことがわかった。オレに隠れて不正を行うとは驚きだ。当の役員に真偽を問い正したところ、「社長だって名義株の不正をしているじゃないか。周りを巻き込んでまで私腹を肥やしている姿を見れば、そりゃ私だってちょっとくらいいい思いをしたって構わないだろう。そんな気持ちになりますよ」といわれてしまった。士気、モラルが下がるとはこういうことか。

実は自社の子会社にも名義株の悪戯《いたずら》をしていたが、自社同様の指摘があり追徴が余儀なくされることになった。バレるときはバレるのだ。

調査の終盤、国税局の調査担当者がこんなことをいった。

「今回は法人税、消費税、所得税の追徴だけで済みました。こんなときに不幸中の幸いといったら失礼かもしれませんが、相続発生後の調査でなくてよかったと思いますよ。奥さんや子供たちが名義株と知っていて相続税の申告から除外していたら、マルサ案件になった可能性があります。脱税金額によっては執行猶予がつきません。ご家族が塀の向こう側に行ってしまったかもしれません」

調査が終わって一息ついてから節税税理士に報告に行った。経過報告を済ますと、涼しい顔をしながらこういった。「まぁ、自己責任ですからな」。

最後にオレはこう思った。つまらない小細工をするよりも、お天道様《てんとさま》の下を堂々と生きたほうが人生は楽しい、と。

なぜ中小企業に税金逃れが多いのか？

長くなったが、ここまでストーリーを通じてケースを見てきた。あらためて確認すると、この「名義株」の事例には中小企業のやるせない問題が含まれている。つまり、会社の事業継承を扱うことの難しさだ。もともと家族経営が多い中小企業にとって、二代目、三代目と徐々に規模が大きくなる会社をどう存続させていくかは大きな課題となる。自社株式にかかる相続税の負担は、先代からの事業のバトンタッチと同時に引きつがれ、納税のための借金を抱え込むことになるからだ。

最後に、なぜ中小企業に税金逃れが多いのかをもう一度だけ確認しておこう。

簡単にいえば「内部牽制がゆるい」ということに尽きる。大企業のように平社員から係長、課長代理、課長、次長、部長、役員と押印欄がずらっと並ぶことはなく、中小企業は決裁するという感覚が薄い。モノと書類とカネを上手にごまかせば、社員でも横領も難しくない。社長自らがカネをポケットに入れようと思えばできてしまう。

それに中小企業はオーナー企業などと呼ばれるとおり、オーナー社長の意見がすべてを決める。周辺にはイエスマンしかいないし、仮にオーナー社長の行動に意見しようものなら、役員であれ部長であれ即クビになろう。そんな状況下でお互いに目を光らせるなど、とうてい無理な注文だ。

良くも悪くも、中小企業は社長次第である。

第一章のまとめ

ここまで、現金商売、宗教法人、中小企業という税金逃れの主たるプレイヤーを見てきた。みなさんにとって身近な存在であり、わかりやすいケースが多かっただろう。

本章のタイトルにあえて「庶民」という言葉を入れたのには理由がある。彼らの脱税はあまりにもわかりやすいのだ。

脱税のなかにはバレモト（バレて元々）のような、稚拙な手口のものや、同業者や知人のバレないアドバイスを信じて脱税に手を染めてしまうケースもある。多くの知恵や金を必要としない手法ともいえよう。一方、税務署は、既存業種の脱税発見のノウハウについては、納税者側よりも多くの情報を蓄積している。当局をあまりナメてはいけない。

しかしながら、本当に悪いヤツらは、当局が気づかないような手口を駆使して、あみの目を巧妙にくぐり抜けている輩である。

続く第二章では、近年になり巧妙さを増す「富裕層」の税金逃れについて、詳述していこう。

第二章

「富裕層」のバレない脱税

第一章では、これまで一般的に理解されてきた「脱税」のわかりやすいケースを取り上げた。しかし、それらは本当の意味で、税をめぐる現在の問題を含んでいない。

パナマ文書をはじめ、タックスヘイブンの問題を理解するには、本章で紹介するようなキャピタルフライト（資本逃避）やタックスエグザイル（税金亡命）のケースを知らなくてはならない。そして、これらの手法を活用するのはカネを持っている富裕層だ。前章で見たような庶民の単純な脱税とは異なり、専門家や金融機関などのネットワークを活用し、そもそも知恵とカネがなくては実行できないものばかりだ。そのほとんどは「バレない脱税」とも呼ぶべき、きわめて巧妙かつ周到な租税回避術である。

本章では、彼らの知られざる税金逃れ手法を取り上げていこう。

1　なぜ小金持ちはずる賢いのか？――個人投資家

キャピタルフライト元年

平成9年（1997年）11月、ショッキングなニュースが流れた。あの「山一證券」が破《は》綻《たん》したのだ。当時の山一證券といえば、野村證券、大和証券、日興證券とともに、日本の「四大証券会社」の一角にあった伝統ある証券会社である。あのときは本当にビックリした。

それまでは、銀行や証券会社というのは、破綻するものではないという先入観があった。いや、当時はむしろ「常識」でさえあったと思う。しかも証券会社の超大手、名門のあの山一證券がまさか、という感じだった。

当時の野澤正平社長が「社員は悪くないんです」と涙を流し鼻水を垂らしながら、記者会見している姿が目に焼きついた。山一證券が破綻した背後にはいろんな噂がある。役所から嫌われたのではないかなど憶測が飛び交っているが、真偽は知る由もない。

ただ、山一證券の破綻の翌年に、日本の金融制度が大きく動いたことだけはたしかである。平成10年（1998年）4月、「日本版金融ビッグバン」がスタートし、まずは「外国為替及び外国貿易法（いわゆる外為法）」が改正されて、海外口座の開設が個人でできるようになった。

つまり、平成10年（1998年）は「海外投資元年」ということができる。そして、この年から海外への資金逃避、いわゆる「キャピタルフライト」が始まったのだ。

なぜ日本人は海外投資へと走ったのか?

山一證券破綻後の平成10年(1998年)に、日本では国債が大量発行された。平成5年(1993年)までの数年間、赤字国債の発行事績をゼロに抑えることができたにもかかわらず、平成6年(1994年)から「減税特例公債」という名の赤字国債の発行が再開されることになった。事実上の赤字国債の無制限発行体制とへ移行したのだ。

平成10年(1998年)8月、ロシア政府が国債のデフォルト(債務不履行)を宣言。このデフォルトによりルーブルの下落や大量のキャピタルフライトが発生し、ヘッジファンド(金融派生商品などに分散投資して、ロング・ショートの両方を用いて高い運用収益を得る投資信託)の倒産、金融不安に伴う株価下落により、ロシアの国内経済が大混乱する事態となった。

このような国際的な金融マーケットの大混乱の流れを目の当たりにした日本人、特に個人投資家といわれる人たちは、「日本は本当に大丈夫だろうか」という不安にかられることになった。

ちょうど同じ時期に、国に頼らずに自分の財産は自分で守る「自己資産防衛」という考え方が注目されるようになっていた。海外投資が急速に増加したのは、当然の帰結なのかもしれない。

金融規制緩和だけが理由ではない。外資系PB（Private Bank：プライベート・バンク）の豊富なサービスと十分なサポートがインターネットの普及で知られるようになり、個人投資家の情報収集が効率的にできるようになったことが理由の一つに挙げられる。

もっといえば、海外の金融関係者が日本市場を狙って営業をかけてきたことが大きい。何より日本人顧客に魅力的な商品提供をしなかった「日本の金融機関」に原因があったと考えるべきだろう。

なお、本章で扱う「海外投資」は、みなさんがよく目にするような「日本の銀行や証券会社から購入する外国金融商品」の話ではない。外国のファンドハウス（資産運用会社）や不動産ブローカーなどが扱う「日本の法律の規制を受けない外国投資商品」の話である。また、その投資先は主としてアジアの国または地域を想定している。あらかじめご承知おきいただきたい。

海外投資における税金の仕組み

大前提として、海外投資の税金は、日本でどのように扱われているのだろうか。

まずは身近な「利子所得」について。日本の銀行に預金して利子を受け取る場合、20・315％の所得税が源泉徴収される。端数の0・315％は東日本大震災後に設けられた復興特別所得税分だ。利子所得は源泉徴収で納税が完結する「源泉分離課税」の対象とされているので、ほかの所得がある人でも日本の預金利子は確定申告しなくてもいいことになっている。

同じ利子と呼ばれる「貸付金利子」については、「総合課税」となってほかの所得と合算して該当する税率（所得が高い人ほど税率が高くなる）を適用する。「預金利子」の場合、所得税法のほかに租税特別措置法というのがあって、日本の金融機関の利子は源泉徴収だけでOKとなっている。

よくあるミスが外国の銀行利子を申告していないケースだ。日本の銀行ではないのだから、所得の申告をそもそもしなくていいものだと勘違いしやすい。日本の金融機関を介さないで得た配当所得も、利子所得同様に注意が必要だ。日本の所得税や法人税は、日本以外の所得についても日本で課税するという「全世界所得課税」を採用している。

では、海外での所得に、現地で申告して税金を支払う場合や、現地で源泉徴収された場合は、どうなるのだろうか。日本の「全世界所得課税」を前提にすれば、二重課税にならないのだろうかという疑問が出る。

そこで日本では二重課税の防止に「外国税額控除」を採用している。世界で稼得した所得と税金を、日本の税法で計算したうえで外国で支払った税金を控除することになる。完全というわけにはいかないが、ある程度は清算される。参考までに、金融が主な産業である香港やシンガポールでは、二重課税の防止手段として「外国所得を非課税」にしている。国によって制度が異なる点にご留意いただきたい。

さて、今までの話をまとめると、つまり日本居住者が海外投資した場合は、総合課税、申告分離などの違いはあるものの、利益が出た場合には（利益が出なくても外貨からの円換で為替差益が出た場合にも）日本での申告が必要になるということだ。

例えばファンド（投資信託）売却で利益が出たケースでは、申告分離課税20％（申告時に復興特別所得税0・315％をオン）の税負担が生じる。ざっくりいえば、申告分離課税以外の海外投資利益のほとんどが「総合課税」であり、高所得者ほど税負担が高くなる「累進課税」の影響を受けることになる。その点、「源泉分離課税」で一律20・315％の所得税が源泉徴収される日本国内の金融商品と比べて、総合課税に該当する海外投資は高所得者には不利であるといえる。

ゆえに高所得者が海外投資で考えなければいけないのは、累進課税の最高税率が55％（うち10％は住民税）であることを踏まえた税の「出口戦略」である。出口戦略がなければ、投資リターンの55％を課税されてまで、「ソト（海外）」にカネを持っていく必要はない。同額のリターンなら、申告分離課税20％ほどで済む金融商品を日本国内で選んで投資したほうがよさそうだ。金融商品購入時に、申告分離課税に該当するものを「選択」することがマストになる。だからこそ海外投資には出口戦略が重要となるのだ。

もちろん、そもそも海外投資のリターンを申告する気がない投資家もいる。彼らに税の出口戦略なんぞ関係ない話ではある。

ファンドを使った手口

では、海外投資には、どのような投資商品や租税回避のスキームがあるのだろうか。最初に紹介するのは、ファンドを使った方法だ。

ファンドは、ファンドハウスで口座開設後、信託口座に送金またはハンドキャリー（手で現金を持っていく）による口座入金ののちに、買い付け商品を指示することにより投資がスタートする。ちなみにハンドキャリーについては、現地のマネーロンダリング対策等により「持ち込んだ現金に見合う日本での出金」などを通帳で証明するなど、最近は厳しくなっている。

海外投資は、アジアでは日本人が日本人を騙すということが少なくないことで知られている。信託口座（口座名義人から売り買いの注文指示がなければ入出金できない）ではなく、一般口座への振込指示をする海外の金融商品ブローカーは詐欺《さぎ》の可能性が極めて高いため注意が必要だ。

さて、一口にファンドといっても、マザーファンドと呼ばれる「親ファンド」と、ベビーファンドと呼ばれる「子ファンド」があることをご存じだろうか。前者は株式や債券に直接投資するのに対して、後者はマザーファンドに投資するという違いがある。

マザーファンドの投資リターンが同じだとしても、ベビーファンドはマザーファンドであらかじめ手数料を引かれた金額がリターンとなり、さらにベビーファンドで手数料が引かれるため、最終的に手にする旨味が減る。その点、海外のファンドハウスでは、豊富なマザーファンドのなかから好みのファンドを選択して購入することができ、リターンの最大化が期待できるため、投資家にとっては魅力的である。

リターンの所得税の取り扱いは、利子・配当・償還差益は総合課税（累進税率）、売却益は申告分離課税の20・315％と、大雑把にいうと、こんな感じである。

やや問題があるのは、口座名義がインディビデュアル・アカウント（個人名義）だけでなく、ジョイント・アカウント（共同名義）も開設可能という点である。資金の出所などについて所得税だけでなく、特に相続税で問題になることがある。

ジョイント・アカウントを悪用して、相続税対策なんていうカワイイものではなく、相続税の対象から見えないようにしてしまおうと考える輩がいる。一括購入ファンドですら資金源を探る（税務当局では、「帰属を割る」という表現をする）のは困難なのに、長期間にわたる積立ファンドになると帰属を割るのはさらに困難となる。長期投資の間に名義変更をされてしまうと、相続人の財産なのか被相続人（亡くなった人）の財産なのかの区別がつかなくなる。

さらに国外金融機関という国際税務の壁がある。租税条約を駆使しても膨大な時間を要するうえ、当局が欲しい情報が手に入るとは限らない。投資先国との租税条約の有無やジョイント・アカウントを悪用することにより租税回避を許してしまいかねない。

私募を悪用した隠蔽スキーム

まずは、私募のファンドを悪用した隠蔽スキームをご紹介しよう。図表2－1が全体像である。流れは次のとおりだ。

投資家が外国ＳＰＣ（Special Purpose Company：特定目的会社）などに投資する（①）。次に外国ＳＰＣが日本の会社に社債資金を提供する（②）。その結果、日本の社債発行法人は②により資金調達ができる（③）。社債発行法人は外国ＳＰＣへの社債利息金を計上することで節税ができる（④）。社債利息を受け取った外国ＳＰＣが投資家の外国口座へ配当する（⑤）。さらに投資家は外国口座を利用することで情報の秘匿性が高まる（⑥）。

図表2-1　私募を使った隠蔽スキーム

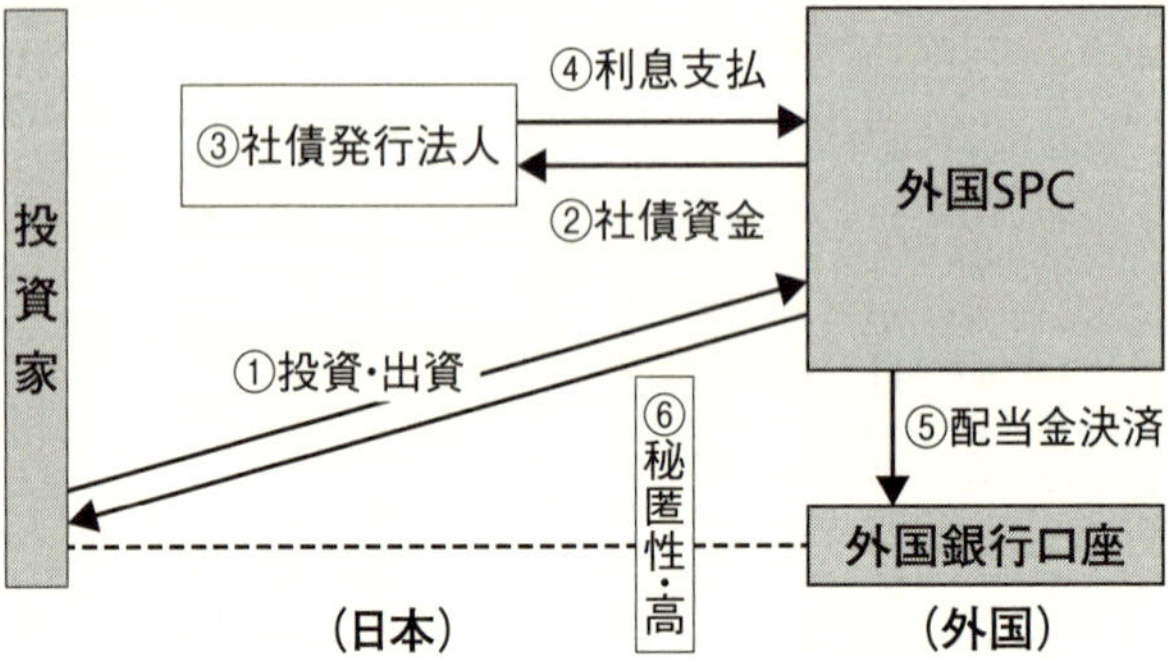

どうだろうか。投資家にとっても社債発行会社にとっても、明らかにウィンウィンの仕組みになっているだろう。

そのほかにもこのスキームのメリットはいろいろある。まず私募による社債やファンドは、発行者と個人的つながりを持つ縁故者に勧誘を行うため、オーダーメイド的な発行が可能になる。また、当事者間での意思の疎通が図れるので、利率、償還、運用方法などの主要条件を恣意的に設定することができる。したがって「利益の付け替え」や「利益の繰り延べ」が簡単に行える。

さらに、私募ファンドは公募に比べて情報開示義務がゆるやかなので、投資家の情報が秘匿しやすい。つまり、外部からは、その実態がよくわからないということになる。ここでいう外部には当然に、国税当局も含まれるため、監視の目をくぐり抜けやすい。

このスキームの利点は、社債の発行に際して、外国金融機関や外国ＳＰＣを間に入れて、本当の金主や投資家を隠すことである。または利率を高く設定して、発行法人の損金を多額に計上するなど、利益を恣意的に操作し真の投資家にシフトさせるなどがある。

このようにして投資家は、外国金融機関を配当金の受領口座として、利益を外国に留保、隠しておくことが「できてしまう」のだ。いわゆる、「ソトソト取引」（外国で取引、外国で決済）というヤツだ。

みなさんは外国金融機関におカネが貯まっても、結局日本の金融機関に資金を移さなければ使いようがないじゃないか、と思われるかもしれない。でも外国金融機関に資金をプールしたまま使う方法がある。例えば、現地に旅行した際に費消する、外国発行クレジットカードで買い物をする（クレジットでなくてもデビットカード機能でもいいだろう）、引き出し金額の制限はあるが日本のＡＴＭで出金するなどだ。投資家やアドバイスするプロモーターがスキームを組むときに重要視するのは、こうした出口戦略である。

無分配型ファンドの隠蔽スキーム

先ほどのスキームの応用編といえるものを紹介しよう。無分配型ファンドを間に入れたスキームだ。

無分配型ファンドとは、受託者が投資家より資金を託され運用し、運用している期間は利益の配当を行わず、償還や途中換金時にまとめて分配するタイプの投資信託をいう。

一方で日本のファンドは、例えば1年間などの一定時期に「利益分配」する商品が多い。そうしたファンドは、配当により投資原資が減ってしまう。

もちろん、外国金融機関で買ったファンドでも、利益分配が行われると申告分離税率20・315％分の「申告納税」が必要になるが、投資信託の課税は受領時のタイミングで行うことになる。つまり長期間にわたって分配を行わないように「設計された商品」であれば、運用期間中は運用益に課税されず、その分を「再投資」できる。複利による運用と税金の繰延効果という効率的な運用が可能となるわけである。

ならば、無分配型ファンドを活用した租税回避のスキームを作ってしまえばいい。そういう発想をすると投資家向けの新たな商品ができあがる。このスキームの効果は、資金提供を受けた法人では支払利息の計上をしながら、投資家段階での課税の時期を償還時まで繰延べることができるところにある。

投資家が最も気にする情報の秘匿については、先ほどのスキームと同様の効果がある。さらに、複数のSPCを介在（ファンド・オブ・ファンズ）させることにより、秘匿性をさらに高めることができる。SPCが3つ以上あると、相手国との関係によっては、当局が帰属を解明するのが困難になるのだ。ファンド・オブ・ファンズには、外国語の壁、ファンド関係者の帰属解明の壁、治外法権の壁という3つの高い壁が立ちはだかる。そのすべてが当局による税務調査を阻むだろう。もし速やかに解決できなければ、時効の壁という4つ目の壁が出現することになる。

当局はこのスキームに対してどう対抗すればいいのだろうか。このような高い壁があるとき、執行だけでは解決できない問題なので、各国の税務当局間で「機動的」に情報交換できる仕組みの構築が必要だろう。しかし、そうはいっても世界のすべての国が参加する制度などというのは、税務に限らず不可能に近いため、やはり外国金融機関の私募ファンドや無分配ファンドを使うスキームは非常にやっかいである。

匿名組合を悪用したスキーム

次に匿名組合（俗にＴＫと呼ばれる）を使った租税回避のスキームだ。

ＴＫとは、投資家（匿名組合員）が営業のために当事者の一方（営業者）に出資をし、営業により生じた利益の分配を受けることを約した法律形態をいう。出資を受けた者が営業するのにあたって、投資家の情報が表に出ることがないことから「匿名」と呼ばれている。

こうしたＴＫの仕組みを租税回避に悪用する輩がいる。いくつかの条件が必要であるものの、ＴＫを悪用すれば所得税だけでなく、法人税までも回避する絶妙なスキームができあがる。具体的に全体像をまとめたのが図表２－２である。

投資家であるA氏は、A氏が支配している赤字会社B社に不動産ファンドの元となる資金を融資する（①）。そしてB社がＴＫに出資して、A氏はB社名義でＴＫの匿名組合員となる（②）。ＴＫを営業者として不動産ファンドに投資して（③）、ＴＫがリターンを得る（④）。ＴＫからB社への配当を１００とすると、約2割が源泉徴収されてB社の手取りは約8割となる（⑤）。しかし、B社は赤字なので税務署への法人税申告時に源泉徴収され

図表2-2　匿名組合を利用したスキーム

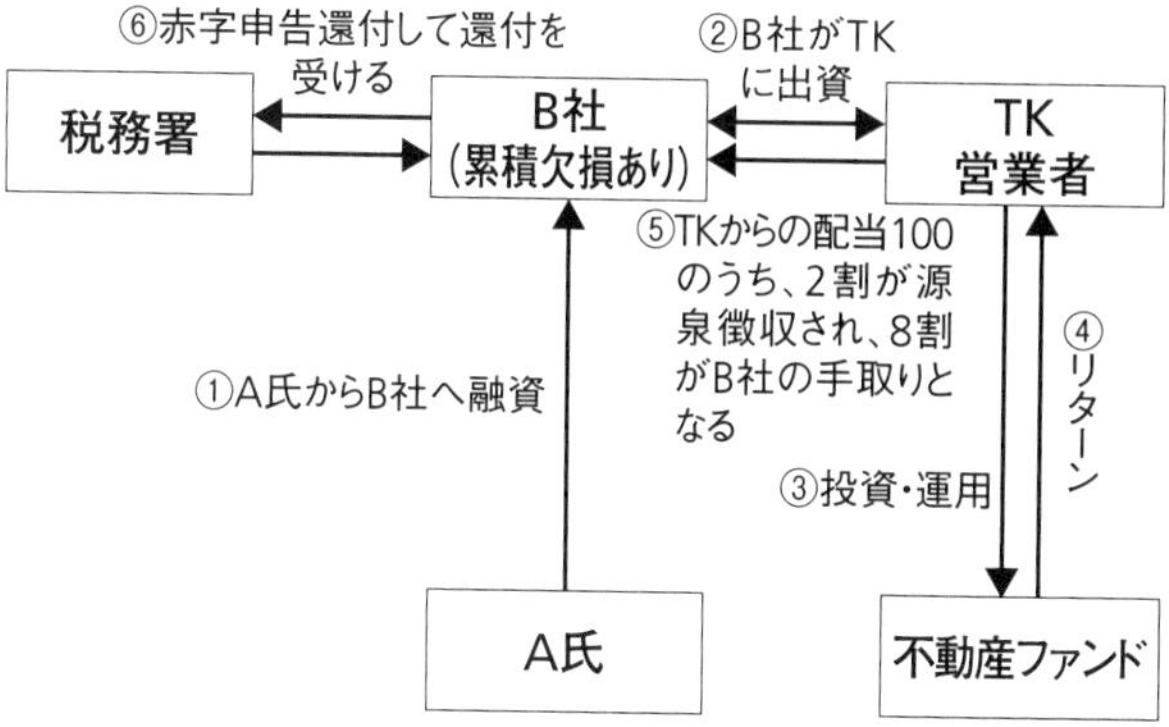

た約2割の「還付」を受けることができる（⑥）。つまり「ＴＫ分配利益と相殺《そうさい》」することができ、結果として投資リターン１００％をゲット可能となる。なお本スキームなしでＡ氏が直接に不動産ファンドへ投資した場合、投資案件にもよるが雑所得で総合課税になることが一般的である。

このような租税回避スキームに当局が直面した場合、まずＴＫに投資した者が投資家個人なのか法人なのかについて検討することになる。もし個人の投資家であるＡ氏に課税することができれば、雑所得として総合課税の対象にできるからだ。

課税の課否は、投資の動機、目的、経済合理性など、当局のお家芸である「総合勘案」をして決定することになる。しかし、ＴＫはそもそも仕組みが匿名であるため、当局の事実認定（事実の確認と評価）には相当の困難がともなうことになる。

そうはいっても、こうした利益分配の租税回避を放置すれば、投資家個人に「恣意的な選択可能性」を許すことにもなるため、課否を明らかにしなくてはならない。放置していては、平成14年（2002年）にせっかく導入した「匿名組合契約分配金の源泉徴収制度」の形骸化につながるおそれがある。TKをめぐる投資家と当局の攻防は今後も続くだろう。

F国の「つなぎ融資」の悪用

次に「つなぎ融資」を使った租税回避術をご紹介したい。

平成29年（2017年）4月に「つなぎ融資の女王」の異名をとる容疑者が逮捕されるという事件があったことをご存じだろうか。報道によると、容疑者の女性は名だたる大企業の名前を使いつなぎ融資を持ちかけ、融資の資金を出せば「20%の配当を出す」という名目でカネを集めていたという。この女性、実際にはつなぎ融資や投資運用をまったくしていなかったので明らかな詐欺だった。専門家によると被害総額は7億円にのぼるものと見られている。

　こうしたうさん臭い事件があったこともあり、つなぎ融資に対してネガティブなイメージを持たれているかもしれないが、つなぎ融資はれっきとした金融手法だ。

　F国では、銀行からの運転資金の融資実行に長い時間（半年でも普通）がかかるため、融資実行までの間につなぎ融資を受けるというのが「普通」に行われている。年利30％という高金利もめずらしくない。通常は不動産を担保にし、担保評価も相当低くしているため、仮に融資先の企業がデフォルトとなっても、つなぎ融資をした側は担保を処分して相殺するため、貸す側が損をすることがない仕組みになっている。

　つなぎ融資をする業者は、高利を謳《うた》い文句に投資家を募る。キャピタルフライトの手口は前述のファンドと同様である。投資家が受けるリターンの所得区分は投資先のビークル（器となる会社などの形態を指す）により異なるが、「利子所得」「配当所得」「事業所得」「雑所得」のいずれかに該当することになろう。

　さて、なぜつなぎ融資が投資家にとっての租税回避につながるのか？　これはファンドでも同じだが、ビークルから投資家が受け取るリターンの情報が、当局まで伝わらないのだ。もちろん日本とF国は租税条約を締結している。

しかし、だからといって租税条約の情報交換制度の活用により日本の当局は投資家が受け取るリターンの情報をゲットし、適正な課税ができるのだろうか。かつて国税局の情報セクションに在籍した筆者の経験からいっても、すべてを把握できるかどうかは疑問である。

N国の「プライベートバンク」

N国ではここ数年、ゆるやかに不動産価額が上昇しており、投資家にとってもリスクとリターンのバランスがいい状況となっている。大地震のあとにもかかわらず、復興も速やかに行われており、政府の運営や安定も投資家にとっては好印象となっているようだ。

そんななか、N国のあるプライベートバンク（PB）では、外国居住者向けの商品開発や、REIT《リート》（不動産投資債券）の販売に力を入れている。彼らにとって日本人の投資家はターゲットである。このPBではN国通貨建てで5・0％（12か月運用）、5・24％（24か月運用）を保証する債券をメインに展開している。

彼らのウリ文句は「当社は商業銀行ではないため、租税条約の情報交換制度の一つである自動的情報交換に応じる必要がありません。したがって投資家の皆様の個人情報が漏れることがありません」というものだ。当局の人間が見たら苦虫を嚙み潰したような顔をしそうなウリ文句だが、こうした売り込みが実際にあるのだ。

まったく笑えない話だが、N国にはこうしたニッチ（すき間）なやり方が存在している。昨今の国際税務情勢に着眼して、租税条約や情報交換制度を営業文句にして投資家をくすぐっているとは、目のつけ所が面白い。ちなみに彼らのようなPBは投資銀行という位置づけになる。

なお私見になるが、N国は為替の動きがジェットコースター並みであるため、5％程度のリターン保証では為替差損に容易に飲み込まれてしまい、とてもじゃないが投資対象として選択するわけにはいかないと考えている。投資家が上手に租税回避したとしても、そもそも投資として失敗していては元も子もない話だ。

V国の「不動産投資」

かつて長い内戦があり悲惨な過去のあるV国だが、現在は経済発展がめざましく活況を呈している。特に南部都市の開発は目を見張るものがあり、日本のゼネコンがジョイント・ベンチャーで地下鉄や地下トンネルを受注したことでも話題になった。

私も近年、何度かV国を訪れているが、現地の活況を目の当たりにすると今後の発展が容易に想像できる。現在、経済メイン地区の隣接区が急ピッチで開発されている。区と区の間には河川が流れており、近い将来は上海浦東《シャンハイプードン》エリアを彷彿とさせるロケーションになるだろう。すでに都市化しているメイン地区にあるビルの高層階から隣接区を望むと、ところどころにマンションなどの建設中のビルを確認することができる。

こうしたマンションの不動産ディベロッパー（開発業者）はアジアに拠点を置く会社が多く、特にシンガポールのディベロッパーが目立つ。私も現地でマンションを視察する機会があったが、「Mファンド関係者が、このマンションを大量購入（バルク買い）している」と営業担当者から説明を受けた物件もあった。日本の一般的なマンションとは異なり、敷地内にはジム、プール、イベントエリアなどが整備されており、こうした豪華さは富裕層向けの仕様である。私も余裕があれば一室欲しいと思ったほどだ。

さて、開発が進みインフラが整備されてくると、投資家だけではなく私のような素人でも、不動産価格はきっと上昇するだろうと考え始める。ちなみに地元業者は数年中に数倍になるだろうと説明している。

売却しやすい部屋のサイズは2ベッドルームのようだ。本書執筆時点では、日本円で1500万円くらいから購入できる。購入する投資家が狙うのはインカム（賃貸収入）ではなく、主にキャピタルゲイン（売却益）である。

とはいえインカムが二の次ということではない。不動産を売却するまでに入ってくる賃貸収入はV国内にある銀行にプールしたり、借入金で不動産を購入した場合は返済に充てる。また賃貸収入は不動産所得で申告する必要があるので、日本での納税資金に充てる人もいるだろう。

一方、投資家が狙うメインのキャピタルゲインはどうか。1500万円投資した物件が、仮に5年で2倍になったとすると、投資に対する年間リターンは単利で約20％となる。もし不動産の所有期間が5年超なら、税金は次のとおりだ。

譲渡所得の計算　3000万円－1500万円＝1500万円

税金の計算　　１５００万円×20・３１５％＝３０４・７万円

きちんと申告しても（当然のことだが……）税金は約３００万円となり、手取りベースで約１２００万円（投資額１５００万円を合わせると２７００万円）となり、５年間で約80％のリターンという計算となる。

Ｖ国の不動産に投資する際に、投資家が思い出すのは10年前のＣ国の不動産投資がすごかったという記憶である。そんな彼らが２匹目のドジョウを狙わないわけがない。Ｖ国の不動産投資が注目を集めるのも当然といえば当然だ。

さて、こうしたＶ国の不動産投資にも、当たり前のように当初から租税回避を狙う輩がいる。たいていは「バレないだろう」というレベルで、とても租税回避のスキームと呼べるような知的な手法ではなく、単なる脱税だ。しかしながら、もし成功すればインカム分を加えたリターンは、税負担をする人に比べてはるかに高くなる。インカム＆キャピタルゲインでのダブル脱税だ。海外不動産投資で脱税に手を染めてしまう投資家が多いのもうなずける話である。

C国での「借地権売買」

V国の不動産投資による脱税よりも、さらに当局にバレにくいと評判なのがC国での不動産投資である。

最初に断っておくが、C国とは中国のことではない。10年くらい前にM国での不動産投資フィーバーの次に湧いた現在の「ホットスポット」である。首都の一等地での値上がり率は頭打ちの感があるが、需要がなくなったわけではない。

そして、さらに不動産そのもの以外に投資家に注目されているのが「借地権」の売買である。現地居住者から名義借りをして（一種のノミニー制度。ノミニーは「指名された人」という意味）共有にて借地権を取得し、値上がり後に売却するというスキームだ。私もC国へ足を運び、このスキームの調査のために現場視察と現地の専門家やブローカーとのミーティングをこなした。借地権売買の複数ケースの運用実績を確認することができたが、実に好調だった。

マンションは非居住者名義でも購入できるが、土地そのものはできない。代わりに、定期借地権のようなものは購入できる。ただし、非居住者名義ではなくノミニーを利用する。

実をいえば、C国では不動産登記簿のデータベース化があまり進んでいない。正確にいうと「適正」でないことが多い。登記は行政レベル（中央、州、地域の3階層）ごとにデータベースを構築しているが、きちんと同期できていないようだ。登記事項の変更があった場合、すべてのデータベースが同時更新されないことがある。

日本とC国を比べるのは酷だが、我が国では誰でも手数料さえ支払えば登記簿謄本を手にすることができる。インターネット経由なら瞬時だ。C国でも不動産登記省令において誰でも閲覧できるとされているが、実際は権利証を持参して権利関係を証明するなどしないと閲覧できないような運用がなされている。少なくとも私が訪問した数年前まではそのような運用だった。そのため不動産売買でハードタイトル（権利証）の偽造による詐欺があとを絶たないという。

さて、登記簿の話が長くなったが、これが脱税と何の関係があるのかと疑問に思った読者もいるだろう。実は税務調査にとって登記簿は非常に重要な情報の一つだ。日本の税務当局がタマリ（脱税によってなされた資産化）などの確認をする際には、必ず所有者を確認する。つまり不動産であれば登記事項が記載された登記簿を取得することになる。

C国の不動産情報が取得しづらいということは、当局にとってもやはり調査しづらいのである。さらに登記簿は現地語により記載されており、日本人には到底読める代物ではない。言葉の壁がさらに当局の頭を悩ませる。

もっといえば、当局にとっていちばんの問題は、C国とは租税条約を締結していないことだ。日本で課税上の問題があった場合、「お願いベース」でしか情報取得ができない。脱税や租税回避をもくろむ投資家にとって、これほど好都合な投資場所はない。なるほど投資家がC国にわんさか集まるわけだ。

C国での「オーバーバリュー」

C国での投資がバレにくいだけでは、知的な租税回避術とはいえない。もっと頭のいい投資家たちは、C国において当局の目が届きづらいことを逆手にとる。「オーバーバリュー」を悪用した租税回避だ。

オーバーバリューとは、実際の価額より高い金額で取引することを指す。日本企業の租税回避でもよく使われる手口だ。企業の場合、本当は1億円の輸入品なのに1億5000万円で輸入したことにして、差額の5000万円を現地でプールする、もしくは交際費などの受注工作資金に充てる。

当然、インボイス（送り状）は偽装し、輸入申告も偽装した金額を記入する。そのためオーバーバリューには関税や消費税が高くつくというデメリットが生じる。といっても、差額が裏金になるので企業にとってのメリットは大きい。

では投資家はどうか。実は、海外送金には当局の目が光っているため、投資家はキャピタルフライトさせたいと思っていても簡単にはできない。

銀行で海外送金すると、該当支店から税務署に「送金調書」が提出される。すると送金時に作成した「アプリケーション（申請書）」に記載した内容が筒抜けになる。つまり、簡単に税務署にバレるのである。ちなみに、100万円相当額超の海外送金（または受金）が調書の対象になっている。

仮に投資家の手元に2億円の投資資金があるとしよう。海外送金すると、どうせバレる。ならばうまく立ち回らないといけない。投資家はどうするのか？　ここでオーバーバリューである。

まず2億円をC国の業者に送金して、その金で甲マンションを買う。ただし購入物件の不動産価額は「1億5000万円」である。不動産登記情報が日本の当局に漏れないことや、租税条約でC国に税務調査を委託できないことを前提として、彼らは契約書の売買金額を「2億円」に偽造する。ここで差額の5000万円の裏金が生じる。

では残額の5000万円をどうするのか。裏で乙マンション（別件不動産）を購入するのだ。日本の税務署に見せるのは甲マンション（2億円の物件）だけ。甲から生じる賃貸収入はきちんと確定申告する。将来、甲が値上がりして売却した場合にも、キャピタルゲインを申告する。値下がりした場合は、そもそも税金が発生しない。なお譲渡所得の赤字は残念ながら損益通算（他の所得と相殺）はできない。ちなみに個人ではなく企業の場合は特別損失で利益から控除する（悪用する）ことができる。

このようにオーバーバリューをさせると、甲マンションについては「きちんと」申告していても、脱税ができてしまう。仮に3億円で売れたとしよう。本来ならば「3億円－1億5000万＝1億5000万円」が利益となるが、オーバーバリューでふくらませると

「3億円－2億円＝1億円」が利益となり、所得を5000万円過少に見せることができてしまうのだ。

これだけではない。税務署に見せていないオフバランス（資産に計上していない）の乙マンションからも利益を得られる。前述のとおりC国の不動産投資はバレにくいため、当局が乙マンションのインカムやキャピタルゲインの情報をつかむのは非常に困難だ。

もしこうした海外不動産投資の不正が明るみに出るとしたら、当人のワキの甘さからくるものぐらいだろう。銀座の高級クラブで、このような脱税スキームを大きな声で自慢した、あるいは愛人にベッドの中でつぶやいたとしよう。きっと後日、関係者からのタレコミがされて、白日の下に晒《さら》されることになる。第一章でも登場した「黒革の手帳」というやつである。このような海外不動産投資は、脱税が成功すれば愛人との「媚薬」になるだろうが、やがては「毒薬」になることに早く気づいてほしいものである。

金塊はなぜ日本に持ち込まれるのか？

近年、空港や港でインゴット（金地金、金塊）を日本へ持ち込もうとして摘発される事

図表2-3　金地金密輸事件の処分件数

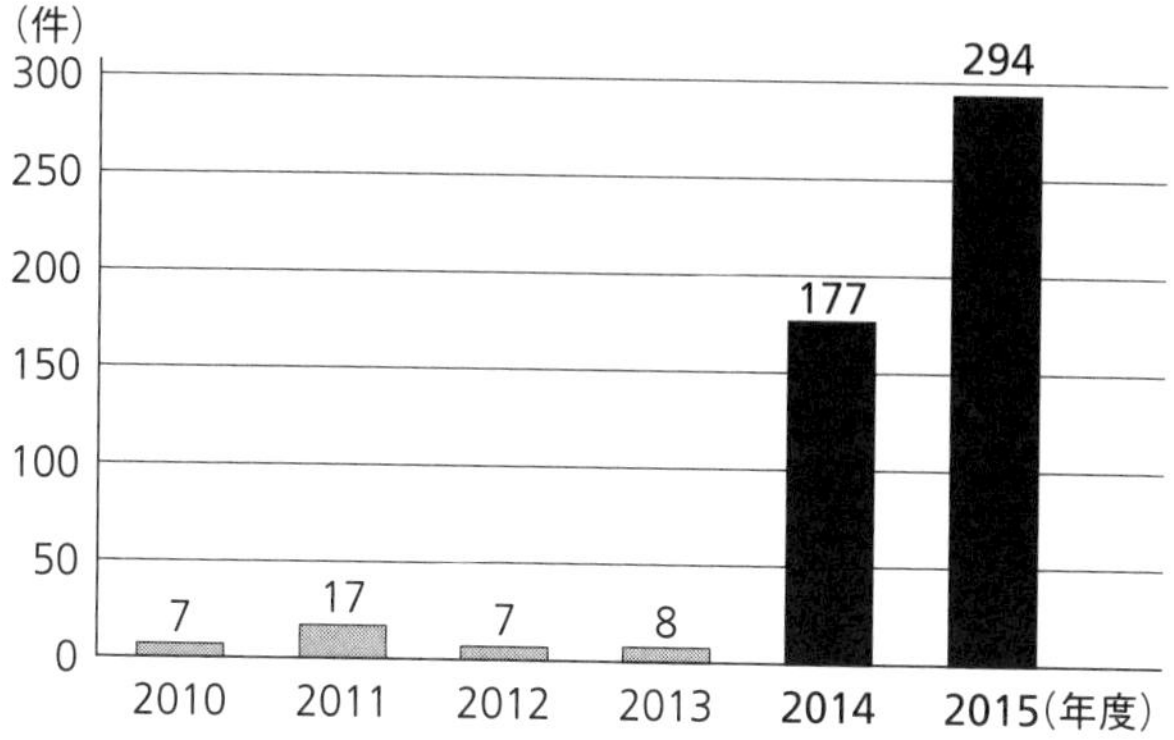

出典：財務省ホームページ

例が急増している。図表2－3のとおりだ。

平成28年（2016年）7月に転売目的で福岡に持ち込まれた160キロ、7・5億円相当もの金塊が博多駅前で盗まれた。平成29年（2017年）4月にも天神のど真ん中で会社員が持ち歩いていた3億8000万円もの現金が何者かに強奪されたが、その現金は金塊を買いつけるための資金だったという。

なぜ金塊が日本に持ち込まれるかをみなさんはご存じだろうか。その理由は日本の「消費税」にある。

消費税が平成元年（1989年）に導入されて早いもので30年近くが経つ。当初の税率は3%、その後5%、8%、そして平成31年（2

019年）10月からは10％になる予定だ。税関での摘発件数は平成26年（2014年）に急増しているが、同年は税率が8％になった年である。税率アップと密輸が無関係でないことを示している。

消費税は商品の販売、資産の貸しつけ、サービスの提供などが課税対象とされている。国内の取引だけでなく「輸入（個人輸入を含む）」も対象だ。インゴットも例外ではなく、購入時にはもちろん消費税（関税がかかる場合がある）がとられる。

諸外国にも、日本の消費税に似たような付加価値税や小売税がある。ただし、すべての国に消費税のような販売金額に課税する税金が導入されているわけではない。つまり、インゴットを買っても、国によって消費税が課されないことがある。

ではインゴットに信用（真贋）があり、金融インフラが整っていて、治安が悪くなく、そして消費税のない国・地域はどこか。その代表格が「香港」である。

日本では消費税8％がかかるのに、その近隣にある香港では消費税がかからない。この点に着目したのが密輸でひと儲けしてやろうという輩だ。

手法は単純である。香港などの消費税が課されない国・地域でインゴットを買って、消費税が課される日本で売りさばくのだ。香港でインゴットを購入、日本でまったく同じレートでさばくことができれば、ザックリ8％（消費税分）の粗利益である。

インゴット取引は国と国とをまたぐ税関をスルーできるかが勝負の肝となる。日本に持ち込むことができさえすれば、あとは表の市場で取引するだけだ。インゴット取引は密輸さえうまくいけば、旨味のある取引である。

国税を搾取する悪党たち

具体的には、図表2－4をご覧いただきたい。

まず密輸業者のAが香港で1億円分のインゴットを購入する（①）。次にAは、香港から直接日本へ行くと税関に怪しまれるため、韓国を経由して観光客に扮して日本に持ち込む（②）。または韓国の空港トランジット（乗り換え）エリア内で、別の運び屋にインゴットを引き渡す場合もある。

Aは日本の金買い取り業者Bに消費税を含めた1億800万円で売却する（③）。このとき密輸の成功によりAの利益800万円が確定する。Bは正規の手続きで、再び1億円分

図表2-4　金のインゴットをハンドキャリーする手口

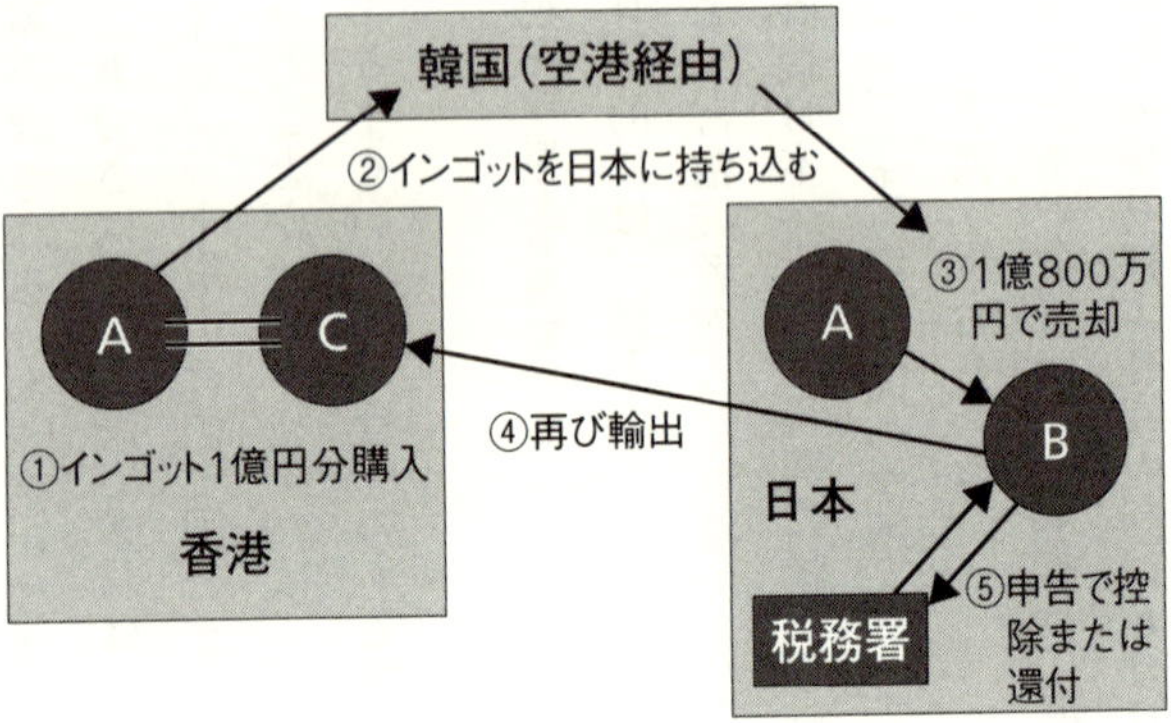

のインゴットを香港のAの支配下にある金買い取り業者Cに輸出する（④）。このとき消費税は免除される。BはCへの売却差額またはAからの協力コミッションにより、確実に利益を獲得する。

最後に、Bは日本国内にて税務署へ消費税申告をする。その際に、Aからの仕入れにかかった800万円を税額控除できる。またはBは消費税分の還付を受けることができる（⑤）。つまり金買い取り業者Bは消費税800万円分をAに支払っても損失が出ないことになる。これで一回りの取引は終了だ。

このスキームを概観すると、一見、AとBが独立した関係だと見えなくもない。しかしAとBが継続して取引しているとなれば、立派なスキームとしてビジネスが成り立っていると見たほうがいい。つまりは、AとBがグルだという見方をすべきだ。

Aは密輸品を売るので、足がつかないよう自分の名前では売らない。また個人名だと、税務署への調書の提出義務がBに発生する。ここでペーパーカンパニーが利用される。

Bはペーパーカンパニーから仕入れたことにする。ただし、Bが税務署の調査を受けた際に、仕入れ先がペーパーカンパニーだとわかると都合が悪くなることがあるので、同じペーパーカンパニーは長くは使わない。Bにとっても経常的な仕入れ先を維持することができるので悪い話ではない。

こういった取引をループさせるとどうなるか。①から⑤までをグルグルと取引し、10回実行するだけで8000万円、100回実行すればなんと8億円の粗利を手にすることができる。1回あたりの密輸額を10倍にすれば手にする利益も10倍だ。ビジネスとしてトライする価値があるのもうなずける。もともと国民から徴収した税金をAとBがグルになって搾取《さくしゅ》するのだ。ボロ儲けの部類に入るだろう。

インゴットにリスクはあるか？

さて、この取引にリスクはあるだろうか。香港から日本へインゴットを持ち込む際に金の相場が下がっても、取引関係にあるＡとＢの間でグルグル回すだけなので相場の変動はまったく問題はない。あくまで「日本の消費税」を搾取することが目的だからだ。そう考えていくと、あえてリスクを挙げるなら、インゴットの現物を関係者が持ち逃げすること、税関で摘発後に判決により没収されることくらいだろう。

粗利は８％だが、経費はいくらかかるだろうか。日本への持ち込みには、ＬＣＣなど格安航空チケットを利用する。福岡・香港間ならば、バーゲンセールで片道１万円を切るなど近さもあり格安だ。韓国経由でもたいした金額ではない。インゴット密輸業者の仲間内では、福岡か沖縄の税関が問題なくスルーしやすいというのが定評らしい。

このスキームで損をするのは誰か？　それは消費税を税関で徴収できなかった日本ということになる。日本の消費税相当額を、密輸者が搾取していく。しかも、何回でも繰り返して行える。まさにヤミの錬金術である。

税関の目を盗んでインゴットが日本に持ち込まれたとして、そのあとに目を光らせるのは税務署である。当然のことながら、税務署では消費税の不正還付については神経を尖らせている。一度税金を「返してしまう」と、取り返すのに非常に手間がかかるからだ。税務署は還付申告書の提出があった場合、「還付保留」といって実地調査や必要な証拠書類を申告者に提出させて審査することになっている。税務署の規模により審査金額の基準は異なるが、このような審査体制を一応は敷いている。

ただ、これは「還付事案」であって、納税事案には及ばない。どういうことかというと、消費税の申告・納税は、売上にかかる消費税から売上原価や経費にかかる消費税を差し引いてプラスの場合は「納税」、マイナスの場合は「還付」となる。還付の場合には前述した審査がある。納税の場合は通常の税務調査があるまでタイムラグがある。こういったニッチな情報を知っている輩は、消費税の還付になるような会社を使わないだろう。

一昔前の消費税不正還付事案は、輸出そのものを「仮装」していたケースが多かった。やったもの勝ちみたいな時期もあったが、当局は税関との連携で輸出申告書のデータ照合などにより不正を摘発してきた。最近は、こんなアホみたいな手口は、さすがに聞かなくなった。

インゴットの取引は、大手業者以外は「現金取引が主流」というのも、訳アリのカネのマネーロンダリング（資金洗浄）に利用されやすい理由だろう。税関対策としてほかの金属などに純金を混ぜたグッズを製作して、日本で純金として「再精製」するなんていう強者もいるようだ。こうした手法は個人単位でできるものではないため、投資や税金泥棒というよりはマネーロンダリングの色が濃いといえるだろう。

「黒いダイヤモンド」不正還付事件

前述の海外送金と同様に、平成23年（2011年）の税制改正で「金地金取引」にも調書が作成されることになった。200万円超の取引をした場合、税務署に筒抜けになる仕組みだ。200万円以下でも、売買時に古物商から身分証明書などで本人確認されることになっている。

この調書にビビってインゴットで儲ける輩が減るのか？　実際はそうでもないらしい。例えば、業者に調書を出させないよう働きかける、インゴットの売却人を他人名義にする、そもそも調書が出ない法人を売り手に仮装するなど、制度の裏を突いた「イタチごっこ」が続いているのが実態だろう。

ちなみにインゴット取引をする当事者の素性は、金主である個人投資家だけではなく、日本の反社（反社会的勢力）、半グレ（暴力団に所属せずに犯罪を行う集団）、香港黒社会などが深く関わっているといわれている。

参考までに、インゴットの類似ケースとして、過去には「黒いダイヤモンド」不正還付事件が流行ったことがある。黒いダイヤモンドとは何か？　木炭？　いやいや、乾燥なまこである。

北京オリンピック（２００８年）の需要からか、開催直前まで乾燥なまこの価格が上昇していた。北海道の乾燥なまこは中国でも特に人気で、１キロあたり10万円以上するものもあったぐらいだ。これを先ほどのインゴット同様、日本と中国、または周辺地域に輸出して、なまこの箱だけグルグル回したりしていた。乾燥なまこの仕入れは、最もひどいケースだと密漁なので原価ゼロ。さらにダミー会社を介在させて輸出して、仕入れの消費税を不正還付するというスキームだった。外国人が主犯だった場合、当局が事実認定するころには出国していて、追徴処分ができないことも少なくなかった。

インゴットにせよ黒いダイヤモンドにせよ、「消費税の不正還付には罰則はないのか」という恨み声が聞こえてきそうだ。だが罰則があったとしても、行政（または刑事）処分ができなければどうにもならない。

ただ、制度の改正がまったくなかったわけではない。乾燥なまこのスキームが全盛だったころに、もともとは消費税還付金を受領（口座入金）した者でなければ刑事処分できなかったのを、不正に「申告しただけ（未遂犯）」でも刑事罰を与えることができるよう法改正がされている。

だからといって、インゴット取引はかんたんにはなくなりそうもない。バレない限り何回でも繰り返しカネを生み出せる錬金術から脱税犯が逃れられるわけがない。平成31年（2019年）には消費税率が10％になる。これは密輸グループから見れば、企業でいうところの売上総利益率が2％もアップし、利益額にすれば25％もアップする、「増収増益」なのである。今後もインゴットが世間を騒がせそうだ。

2 金に糸目をつけないウルトラCでカネを逃がす――富裕層

富裕層とは誰か？

前節では個人投資家の主な手法を取り上げたが、本節では富裕層の租税回避術について紹介したい。保有する資産がハンパではない富裕層は、さまざまなスキーム策定につき、必要であれば高額なフィー（報酬）を支払うことがある。仮に節税スキームで資産流出を抑えることができれば、その経済的利益の10％程度の成果報酬を払うことも躊躇《ちゅうちょ》しない。

ところで、みなさんは「富裕層とは何ぞや？」と聞かれたら何と答えるだろうか。

もちろん「金持ち」と答えればとりあえずは正解だが、実際には「金持ち」はフロー（所得）が高い人、ストック（保有財産）が多い人、両方に該当する人の3つに区分できる。

フローが高くてもストックがない人がいる。これは所得自体は高額だが貯蓄などに回さない、あるいは回せなくてストックがない人たちで、お世辞にも富裕層とはいえない。一方、積極的に稼がなくても（フローが少なくても）ストックが多い人がいる。利子、配当、資産運用などで十分暮らしていける人たちである。保有する資産がフローを呼び、さらなるストックを形成していく。この章で富裕層と位置づける人たちは、豊富なストックを保有する人たち（ただし換金性の乏しい同族会社株式は除く）を指しているのだと、ひとまず理解していただくこととしよう。

一般的な定義はどうか。民間企業の富裕層の定義は、例えば野村総合研究所では純金融資産（金融資産から借金を差し引いた額）が1億円以上5億円未満を富裕層、5億円以上を超富裕層と呼んでいる。

海外のプライベートバンクやウエルスマネジメント業者などが富裕層を指す用語として、「HNW」（High Net Worth）というのがある。ターゲットの金融資産が最低100万米ドルというのが一般的なので、やはり富裕層と呼べるのは「金融資産で1億円以上」の資産を保有している人をいうのであろう。

国税庁のホームページを見ると、「いわゆる『富裕層』への対応」という項目をわざわざ作って調査事績などを公表している。当局は富裕層の定義を公表していないので、どのような調査対象者の調査事績かを部外者は知ることができない。しかしながら、過去の日本経済新聞で税務署の「大口資産家」コードの管理基準が報道されており、その基準は次のとおりだ。なるほど想像だけならできそうである。

1 有価証券　年配当4000万円以上
2 所有株式　800万株以上
3 貸金の貸付元本　1億円以上
4 貸し家などの不動産所得　1億円以上
5 所得合計額　1億円以上
6 譲渡所得などの収入　10億円以上
＊ほかにいくつかの基準あり。

富裕層への課税が強化される理由

近年、富裕層への課税を強化しようという機運が高まりつつある。背景として、長い不況を経て所得格差が拡大したことが挙げられるだろう。納税者数は圧倒的に高所得者以外が占めているが、これとは逆に税収の多くは高所得者層からのものである。相続税ではストックが多い人ほど納税額が大きく、税収の多くを占めている。

これは日本が所得税・相続税に対して超過累進税率（所得が高くなるにつれ税率がアップ）を採用しているからだともいえる。高所得者への徴税が全体から見てもいちばん効率的だ。例えば税務調査により追徴する場合、同じ追徴所得を発見した場合を考えると、低所得者より高所得者を調査したほうが多額の追徴を見込めるため、「徴税コスト」の観点から効率的である。

また、海外の財産から生じた所得や将来の海外相続財産に課税漏れがあった場合、一般人のそれに比べて富裕層の場合の国の損失は甚大なものといえる。

一般的にはこのような理由から、富裕層への課税強化がなされていると考えられているが、元国税局の立場からもう一つ理由を挙げたい。当局が最も恐れるのは、納税者数の多くを占める高所得者以外の人たちの納税モラルの低下である。

金持ちからきちんと徴税しているのか、と大多数の国民が当局の執行に不審を抱くようになると、「正直者が馬鹿を見る」ならば「申告なんかしない」あるいは「テキトーな申

図表2-5　富裕層をめぐる税務行政関連年表

平成26年1月～ (2014年1月～)	国外財産調書制度 →年末時に5000万円相当を超える国外財産所有者が税務署に提出
平成27年7月～ (2015年7月～)	国外転出時課税制度(いわゆる出国税)
平成28年1月～ (2016年1月～)	財産債務調書制度 →所得が2000万円超、かつ年末時で合計3億円以上の財産(または合計1億円以上の有価証券)の所有者は、財産の種類・数量・価額を記載した調書を税務署に提出
平成30年～ (2018年～)	預金口座をマイナンバーで任意登録 →平成33年から金融資産所得一括管理の予定 海外情報交換制度(マイナンバー活用) →口座番号、利子・配当・有価証券などの収入情報、残高情報など

告」となりかねない。これは当局としては困る。そうしたテキトーな申告を税務調査するのは国税の人間だからだ。現状でさえ実地調査率が低調なのに、申告水準がさらに下がりでもしたら、とてもじゃないが国税庁の使命である「公平・適正な課税の実現」はできないだろう。

つまり、税の不公平感を払拭するために当局は「フローが高い人、ストックが多い人への適正課税を実施している」という姿勢を国民に見せる必要があるのである。

このように、富裕層が所有する財産から生じる各種税収の確保という観点及び一般納税者の申告水準の維持という目的から、富裕層の財産の情報収集・蓄積・活用が必要なのである。

なお、近年の税務行政の流れは、従前から得意としていた「フロー管理」から「ストック管理」に移行しつつある。制度の一例は図表2-5のとおりだ。このなかでも「財産債務調書」は近年でいちばん大きい動きともいえるので、本章の後半で詳しく触れたい。

富裕層をターゲットにした時代の幕開け

当局が富裕層管理を意識し始めたのは、「海外金融資産等保有者に係る管理・調査体制について」(平成17年〔2005年〕6月21日付)の事務運営指針が出されたころにさかのぼる。事務運営指針は、当局の事務処理統一ルールとでもいえばよいだろうか。通達は当局側の法令解釈を示したものだが、事務運営指針も通達も当局職員を拘束するものには違いない。

この事務運営指針は税務調査などにおいて、海外金融資産等を把握した場合の情報収集や管理の基準を示したもので、具体的には5000万円相当以上の案件について報告するように当局職員に対して求めたものだった。5000万円以上という当局の基準が厳しすぎるのではないかと感じる人もいらっしゃるかもしれないが、富裕層の資産運用はポートフォリオ(金融資産の組み合わせ)が基本であり、海外に分散して金融資産を保有していることがほとんどだ。５００万円以上の金融資産は氷山の一角にすぎない。当局側の「絶対に見逃さない」という姿勢が感じられる施策だったといえる。

情報は収集するだけでは意味がない。国税は徴税機関として情報を「収集」したら「蓄積」し、さらに「実地調査」したあとで「効果測定」をする。こうした一連の流れは、平成21事務年度のプレスリリースに「いわゆる『富裕層』への対応」という項目で調査結果が公表されており、次のような文言で説明されている。

> 資産運用の多様化・国際化が進んでいる中、いわゆる「富裕層」に対する課税の適否が税の公平感に大きな影響を及ぼすものと考えられます。
>
> これに対し、国税庁では、有価証券・不動産等の大口所有者、経常的な所得が特に高額な者などについて、積極的に調査を実施しています。
>
> 平成21事務年度において、これらの者に対して行った実地調査の事績は、以下のとおりです。

〔実地調査の事績〕
調査件数（特別・一般）　3061件
非違件数　2513件
申告漏れ所得金額　374億円
追徴税額（加算税含む）　119億円

〔実地調査1件当たりの事績〕
申告漏れ所得金額　1221万円
追徴税額（加算税含む）　387万円

（参考）
実地調査全体の申告漏れ所得金額（特別・一般）　879万円
実地調査全体の追徴税額（加算税を含む）　171万円

これらの者に対する実地調査1件当たりの申告漏れ所得金額は、1221万円となっており、所得税の実地調査（特別・一般）1件当たりの申告漏れ所得金額879万円を大きく上回っています。

また、1件当たりの追徴税額は387万円で、所得税の実地調査1件当たりの追徴税額171万円の約2・3倍となっています。

（出典：国税庁ホームページ）

国税庁のホームページでは、プレスリリースの発表当初は「海外投資等を行っている者への調査」の見出しのいちばん下にこうした事項が記載されていたが、現在では「いわゆる『富裕層』への対応」という個別の見出しに扱いが格上げされた。さらに平成27事務年度からは、統計の内訳に「海外投資などを行っている富裕層に係る調査事績」を追加して、調査事績の好調ぶりをアピールしている。

当局は富裕層にどう対処しているのか？

大都市を管轄する国税局では、超大口富裕層（当局は「重点管理富裕層」と定義している）

の管理及び調査を実施するためのプロジェクトチームを国税局内に設置して対応している。

海外絡みの調査では、富裕層が海外金融機関の利子や配当などを申告せず意図的に租税回避をしたなどの調査指摘事項を挙げている。利子や配当などは、まだ「カワイイ」ほうだ。国外送金調書や租税条約の情報交換規定の一つである「自動的情報交換制度」などで日本の国税庁が取得した情報により比較的容易に課税できる（共通報告基準〔ＣＲＳ〕は日本を含む１００以上の国・地域が参加。平成29年〔２０１７年〕1月1日施行、平成30年〔２０１８年〕4月30日までに初回報告）。

一方、意図的な租税回避のなかには、プロモーターと呼ばれる専門家などが策定した、複雑なスキームを実行したものがある。スキームが複雑な場合、税務調査の過程で把握したステートメント（郵送やネット経由）を端緒に課税するケースが多く、日本側での発見がなければ課税が難しいものだ。なおタックスプロモーターについては第三章で詳しく触れる。

当局が租税回避のテクニックを目の当たりにするのは、通常は調査対象者に対する実地調査時である。調査時では富裕層がすでに隠蔽工作をしたあとであったり、資金を別の場所に動かしてしまっているなど、遅きに失することが少なくない。

ならば租税回避事案を実地調査で把握するよりも、プロモーターが節税（租税回避）スキームを策定した時点で把握したほうが効率的である。そのような趣旨から、節税を提案したプロモーター（この場合は税理士などの専門家）に対して、タックスプランニング報告義務制度を課せばいいのではないか、ということが検討されている。これは米国などですでに導入されている制度ではあるが、日本で同様の仕組みが機能するかどうかは議論があるところだろう。こうした国際税務に対する当局の対応については、本章の後半に詳述する。

「生命保険」を活用したスキーム

前置きが長くなったが、いよいよ富裕層の具体的な租税回避スキームを見ていくことにしよう。まずは外国の「生命保険」を活用したスキームだ。

租税回避がテーマなのに、なぜ外国の保険の話なのかと思う人もいるだろう。日本のサラリーマンが契約する保険は、種類は違うが終身保険や定期保険など毎月数万円を払いながら保障を受けるものがほとんどだ。保障額は数千万円が中心である。

対して富裕層が契約する保険は、契約時に一括で数億円相当額を支払い、保障額が数十億円相当額にのぼるものもある。類似の保険が日本にもあるじゃないか、との声が聞こえてきそうだが、富裕層がわざわざ外国の保険を買うのは目的があるからだ。その目的は人によってさまざまだが、スキームにより相当フレキシブルな扱いが可能となる。

本題に入る前に、まず生命保険の税金関係を整理しておこう。被保険者、保険料の負担者（契約者）、受取人の関係によって、死亡保険金を受け取ったときの取扱いが異なる。

父（A）を被保険者（保険をかける人）として、自ら（A）が保険料を負担し、妻または子供（B）が受取人というのが一般的であり、この場合の受取人は死亡保険金を相続税の対象にする。父（A）を被保険者として、妻（B）が保険料を負担し、妻（B）が受取人という場合、受取人は所得税（一時所得または雑所得）の対象になる。これが父（A）を被保険者として、妻（B）が保険料を負担し、子供（C）が受取人という場合は贈与税の対象だ（図表2－6）。

実は生命保険金は、民法上は相続財産ではないのだが、実質的に被相続人（被保険者）の財産が死亡によって相続人に移転したのと相違ないので、相続税法で「みなし相続財

図表2-6　死亡保険金の課税関係

被保険者	保険料の負担者	保険金受取人	税金の種類
A	A	B	相続税
A	B	B	所得税 （一時所得または雑所得）
A	B	C	贈与税

産」に規定して課税対象としている。

さて、「外国の生命保険」についてはどうだろうか。実は平成18年（２００６年）までは「みなし相続財産」に該当しない「金融商品」だった。なぜかというと、みなし相続財産になる生命保険とは、日本の免許を受けている生命保険会社の生命保険契約が対象だったからだ。したがって、みなし相続財産でない外国の生命保険金を受け取った場合、相続税の課税対象ではなかった。

受取人の課税関係はどうだったかというと所得税課税であり、しかも一時所得での課税なので超プレミアレートでの節税が可能だった。受取保険金が5億円相当、払込保険料を2億円相当とすると、相続税と一時所得での税負担差は次のようになる。

〔相続税〕※各種控除は考慮しない。仮に税率を50％とする。

5億円×50％＝2・5億円

〔一時所得の税金計算〕※所得税＋住民税の税率を55％とする。
5億円－2億円－50万円＝2・995億円……一時所得
2・995億円×1／2×55％＝0・82億円

〔申告しない場合・脱税〕
0円

計算してみると納税額の差に愕然《がくぜん》とする。日本の保険会社との契約なら2・5億円の課税だが、外国の保険会社なら1億円弱で済む。同じような契約なのに相続人の手取り額がまったく異なる。課税の公平性の確保などの理由から、平成19年（2007年）4月以降に受け取った生命保険金は、国内外の保険会社に関係なく相続税の対象となった。今は使えない手法なのであしからず。

申告した場合、外国にある財産を当局が察知することができる。クセが悪いのは無申告のケースで、相続税や贈与税だけでなく、外国資産から生じるインカム、キャピタルゲイン、さらには二次相続の相続税の脱税にまで波及するおそれがある点だ。今後の取り組みは別としても、これまでの課税漏額が驚愕の数字になることは想像に難くない。

ちなみに、外国の生命保険商品はどこで買えるのだろうか。日本の保険業法では、保険業界保護のためだろうが表向きは外国の保険を買えないことになっている。違反した場合には、買う側、売る側ともに罰則規定があり過料に処される。しかしながら、実は外国の保険は今も昔も普通に買える。現地で行われる健康診断などの契約審査をパスして、その場で契約締結というのがパターンの一つだ。少なくとも私は、外国の生命保険を買った人が保険業法違反で処罰されたという話を聞いたことがない。

「相続税節税」のウソ

平成27年（2015年）から相続税改正がされ、課税最低限が引き下げられることになった。これにより、従前では相続税の申告義務のなかった人が税負担をすることになった。この改正により、たしかに「負担することになった人」は多少増える。けれども、配偶者が相続人の場合、1億6000万円までの相続財産であれば実際の税負担がないなど、「普通の世帯」であれば新たな相続税負担者になることは少ないのが実情だ。

専門家、銀行、不動産業者などは、あたかも「相続税の納税者数が増える」かのごとく、営業トークを駆使して「新規顧客」の囲い込みに余念がない。最近の新聞広告では、「あなたの家族の相続税は大丈夫ですか？」といったキャッチコピーを目にする機会が増えた。

残念ながら一般的に日本国内で語られる「相続税節税」はあくまで節税であって、相続により財産の目減りを防ぐことはできない。本書で取り上げるような富裕層は、相続税の節税などという小手先のテクニックは使わない。

相続税節税のためだと顧問税理士や不動産業者に説得され、銀行から借金してアパートを建築する例があとを絶たないという。報道によれば、貸家の空室率の上昇や家賃の下落に対しては、日銀も警鐘を鳴らすような事態となっている。その結果、たしかに「相続税だけは安く」できたが、借金して建てたアパートの稼働率の悪さにローンが返せなくなる本末転倒な例は決して少なくない。結局、誰が儲けたかといえば、相続人の資金繰りに関係なくコミッションを受け取った税理士などの専門家や利息で稼ぐ銀行、そして不動産販売業者である。

相続税節税だといわれて対策を行ったにもかかわらず、その後の税制改正でパッチを当てられてしまった（法の抜け穴をふさがれた）ケースもあり、さらに目も当てられない。

解約返戻金重視の外国生命保険

では、富裕層はどのように相続税対策を行っているのか。最初にいっておくが、以後にご紹介する「外国の生命保険」を使った租税回避のスキームは、はっきり言って庶民にはほとんど関係ない。冒頭の事例では外国生命保険の一時払い金が2億円の設定だったが、そこまで高くないにしてもプライベートバンクの口座開設に必要なミニマムの金額が100万米ドルであるなど、貧乏人には手を出せる代物ではない。

さて外国の生命保険を使った租税回避はどのようなものなのか。相続対策としてならば相続財産をできるだけ減らさず、さらに相続税を払ったあとに相続財産の「元金」が増えることもある魔法のような手法である。相続以外にも富裕層が外国生命保険を投資商品として購入する理由はさまざまで、事業承継、遺族年金、学資金など目的に合わせてフレキシブルな活用法がある。これも人によっては、当局に申告する場合としない場合がある。

まずご紹介したいのが、死亡保障を低めに抑えた解約返戻金重視の保険商品だ。自分の事業の資金繰りなどで途中解約する可能性がある場合や、将来の解約返戻金を受け取ることを目的に投資する人に向いているといえる。

私の手元に「○○生命お見積もり」という題目のペーパーがある。東南アジアのエージェントから手に入れた解約返戻金重視の保険の本物の営業資料である。特定できない形にして図表2－7のようにまとめた。

為替レート計算はわかりやすく「1米ドル＝100円」とする。1億円を払い込むと2・7億円保障の生命保険契約ができる（健康診断その他の審査あり）。近年、「日本居住個人」で契約できる商品が僅少になってきたが、この商品は日本居住での契約が可能だ。

注目すべきは、加入6年目の解約返戻金である。加入6年以上経ってから解約した場合、解約返戻金が払込保険料を上回っている。10年経過では約1300万円、20年経過では5200万円、30年では9500万円の「利益」が出る。「リターン（年率換算）」は

図表2-7　解約返戻金重視の保険商品例

- 被保険者：男性／非喫煙
- 死亡保障：2,764,876米ドル
- 一時払保険料：1,000,000米ドル

（単位：米ドル）

加入年数	年齢	払込保険料累計	解約返戻金	死亡保障
1	51	1,000,000	874,511	2,764,876
2	52	1,000,000	904,035	2,764,876
3	53	1,000,000	930,094	2,764,876
4	54	1,000,000	956,833	2,764,876
5	55	1,000,000	984,242	2,764,876
6	56	1,000,000	1,012,296	2,764,876
7	57	1,000,000	1,040,988	2,764,876
8	58	1,000,000	1,070,294	2,764,876
9	59	1,000,000	1,100,194	2,764,876
10	60	1,000,000	1,133,645	2,764,876
20	70	1,000,000	1,525,093	2,764,876
30	80	1,000,000	1,952,707	2,764,876

それぞれ「13％（1・3％）」「52％（2・6％）」「95％（3・1％）」となり悪い数字ではない。なお解約返戻金及び死亡保障はあくまで現行レートで算出した予想だ。ほかの金融商品と同様に決済時は予想よりも上下することもある。

最初に1億円を払い込まなくてはならないことにみなさんは驚くかもしれないが、数億円が全財産の「ほんの一部」である富裕層から見ればポートフォリオの一部であり、生命保険契約

を維持しながらも投資としても使える外国の生命保険契約は魅力的な商品といえる。

ＰＢからの借り入れによるレバレッジ

先ほどの事例は「全額自己資金」での生命保険契約だが、生命保険を質権設定することを条件に、ＰＢ（プライベートバンク）から払込保険料の融資を受けて生命保険契約をすることができる。

金持ちなのだから自己資金だけでやればいいじゃないか、とみなさんは思うかもしれない。いやいや、それこそが庶民の発想だ。富裕層はこう考える。融資を受けることで、より大型保障の生命保険契約ができる。保障額だけでなく解約返戻金にも「レバレッジを効かせる」ことができるというわけだ。

ＰＢからファイナンスを受けて生命保険契約を買った場合の「お見積もり」には、図表２－８のようなものがある。

為替レート計算は同じく「１米ドル＝１００円」とする。まずＰＢに口座を開設するためには審査が必要だ。リスクのある個人などに該当しないか、「ワールドチェック」と呼

図表2-8　プライベートバンクのファイナンスを利用した生命保険契約例

・被保険者：男性／非喫煙　・死亡保障：10,000,000米ドル　・必要担保：(自己資金)1,761,696米ドル
・ローン金利：2.0%

(単位：米ドル)

加入年数	年齢	生命保険バリュー		ファイナンス	投資		残高	
		プレミアローン	解約返戻金	ローン金利(2%)	担保の投資収入(3.65%)	必要担保(自己資金)	解約の場合	死亡の場合
		融資残高	現在積立利率(3.6%)	年度末			担保(自己資金)控除後の受取額	
1	51	3,217,626	2,364,487	64,353	64,353	1,761,696	(-583,139)	6,782,374
2	52	3,217,626	2,727,967	64,353	64,353	1,761,696	(-489,659)	6,782,374
3	53	3,217,626	2,821,405	64,353	64,353	1,761,696	(-396,221)	6,782,374
4	54	3,217,626	2,914,494	64,353	64,353	1,761,696	(-303,132)	6,782,374
5	55	3,217,626	3,007,867	64,353	64,353	1,761,696	(-209,759)	6,782,374
6	56	3,217,626	3,131,801	64,353	64,353	1,761,696	(-85,825)	6,782,374
7	57	3,217,626	3,255,883	64,353	64,353	1,761,696	38,257	6,782,374
8	58	3,217,626	3,380,522	64,353	64,353	1,761,696	162,896	6,782,374
9	59	3,217,626	3,506,701	64,353	64,353	1,761,696	289,075	6,782,374
10	60	3,217,626	3,633,488	64,353	64,353	1,761,696	415,862	6,782,374
20	70	3,217,626	5,199,492	64,353	64,353	1,761,696	1,981,866	6,782,374
30	80	3,217,626	6,679,795	64,353	64,353	1,761,696	3,462,169	6,782,374

ばれる事前審査をパスする必要がある。次にPB口座への入金だ。仮に生命保険の契約金として1・7億円を払い込むと、保険を担保にPBは3・2億円を融資してくれる。その融資金でさらに10億円の生命保険を買うことができる（健康診断その他の審査あり）。PBの融資には、表のとおり毎年約640万円の利息が発生することになるが、利息は自己資金で支払ってもいいし、PB口座にある預金で債券を買うなどして運用することで充当しても構わない。

このスキームだと、加入7年目（57歳）以降なら解約返戻金が担保を上回る。10年経過では約4100万円、20年経過では1億9818万円、30年では3億4621万円の「利益」が出る。リターン（年率換算）はそれぞれ24％（2・4％）、116・5％（5・8％）、203・65％（6・7％）となる。このように融資のレバレッジを効かせるとリターンも飛躍的に上がる（リスクは後述する）。死亡の場合は、1・7億円の原資で約6・8億円（保障10億円からPB借入金3・2億円控除）を受け取るので、リターンは400％（4倍）となる。保険契約後にすぐに亡くなるケースは別にして、私の知る限りこのような保険商品は日本にない。

タックスヘイブンを利用した保険スキーム

ここまでの契約者は「日本居住個人」だったが、近年、日本居住個人を契約当事者とする保険締結が難しくなってきた。そこで「個人」ではなく「法人」での保険契約により、同様の効果が生じるスキームを実行するケースがある。ちなみに法人契約は脱税志向のある人たちが使ってきた実績がある。

ここで登場するのが富裕層の租税回避でおなじみのタックスヘイブンだ。図表２－９をご覧いただきたい。タックスヘイブンには無税や低税率があるが、ＢＶＩ（British Virgin Islands：イギリス領ヴァージン諸島、税率は０％）を利用するのが一般的となっており、Ａ氏はここに法人Ｂ社を設立する（①）。次に日本に住むＣ氏が法人Ｂ社の役員に、Ｄ氏が株主にそれぞれなる（②）。この法人Ｂ社が契約者となり、外国生命保険会社Ｅ社と契約し（③）、保険金受取人を日本居住者（法人Ｂ社の役員Ｃ氏や株主Ｄ氏）にし、いわゆる「キーマン保険」にする（④）。以上がこのスキームである。

保険商品は前述のものとまったく変わらない。タックスヘイブンを介すると、ＢＶＩ法

図表2-9　タックスヘイブンを利用した保険スキーム

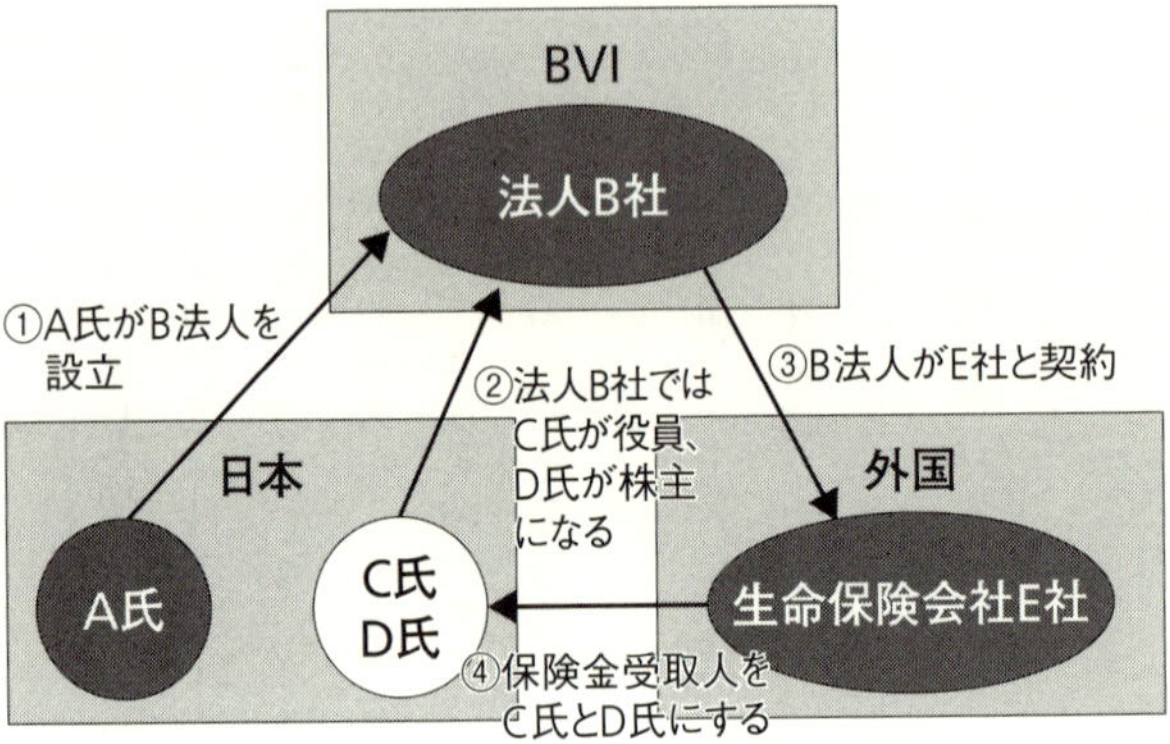

人の維持・管理費用がかかる。ＢＶＩ法人は、決算が必要だが税金がない。

ところで、ＢＶＩ法人がＰＢへ利息返済するために先ほどと同じように債券を購入するなど資産運用するわけだが、純利益が出た場合や保険金を受け取った場合に税務が問題になる。運用期間中のＢＶＩ法人の利益は無税なのか？

もちろんＢＶＩにおいては無税である。ただし、日本には「タックスヘイブン税制」というウルトラＣの税制があり、日本居住者であるＤ氏が支配しているＢ社の場合、ペーパーカンパニーなど一定の要件（詳細は紙幅の都合により割愛させていただく）に該当すると日本で課税することになる。

「課税することになる」という建前だが、実際はBVI法人の関係者が「きちんと申告」するかが大問題だ。当局が「発見」しなければ課税できない。建前では、運用期間中の純利益は日本で課税されるし、生命保険を受け取った場合には受け取った人やBVIからの分配の仕方によって課税関係が異なる。こうしたスキームにおける「出口戦略」が重要なのが、タックスヘイブンを介した保険スキームだ。プロモーターの腕の見せ所でもある。

このようにタックスヘイブンで設立した法人との保険契約ならば、BVI法人の設立費用やBVI政府に毎年支払うライセンスフィーやノミニー取締役（名義人）へのフィーなど多少のコストはかかるが、スムーズに契約することができる。また、匿名性（ときには租税回避として利用）を確保するためにも、富裕層にとっては有効な手段だ。

なお補足になるが、PBに口座開設できる人がいても、生命保険購入のためのプレミアムローンを組むには条件がある。例として、あるPBのローン条件を挙げてみよう。死亡保障金の上限は次のとおりだ。

給与所得の8倍+保有資産（金融資産は時価、土地は時価の1／3評価）

例：給与所得が5000万円、預金が2億円、土地が1億円
5000万円×8＋2億円＋1億円×1／3＝6・3億円
※6・3億円が死亡保障の上限

保険の受取人を特殊関係人にする方法

相続というのは、「争族」という造語に表されるように、被相続人の死亡によりさまざまなトラブルが発生する。法定相続人がルールどおりに相続するだけならまだしも、知られざるプレーヤーが急浮上することがある。特に富裕層というカテゴリーに属する人たちは、金があるだけでなく、「大人の関係」を持った人がいる、ということが少なくない。つい先日も、ある起業家が女性タレントとの結婚を発表したが、その直後に週刊誌に婚外子が複数いることがすっぱ抜かれた。まぁ、金持ちにはよくあることだと思う（あくまで私見である）。

当局の隠語で「愛人」のことを「特殊関係人」と呼ぶが、特殊関係人（その子供を含む）への財産分与について、財産のある「被相続人」は将来のことを真剣に考えるようだ。

「愛する人に財産を渡してあげたい」という気持ちはよくわかる。しかしながら、簡単にはうまくいくものではない。被相続人の「正妻」と「その子供」が黙っていないからだ。そこでプロモーターの知恵を借りて「何とかならないのか？」となるわけである。

今後、その金持ち（被相続人）と愛人（特殊関係人）との関係がどうなるのかは別の話だとして、特殊関係人を保険の受取人とすることに成功したスキームは存在する。それは次のような手法だ。

まず特殊関係人を株主や役員にした法人をＢＶＩなどのタックスヘイブンに設立する。ポイントはそのＢＶＩ法人の出資金の「足跡」を残さないように、万全のスキーム策定をすることだ。ＢＶＩ法人の出資者がわからなければ、当局としては追及のしようがない。

被相続人の死亡により、外国生命保険会社からＢＶＩ法人が保険金を受け取り、それが愛する人に渡る。もし保険金を受け取ったことが当局にバレなければ、無税で多額の財産を相続させることができるのだ。しかも、正妻などの法定相続人に察知されずに、死後の無用な「争族トラブル」を回避することができる。

外国生命保険のリスクとは？

みなさんにとっては許せないことかもしれないが、ここまで扱ってきた外国生命保険を使った各種租税回避のスキームは、タックスヘイブンが世間の話題となる前からも富裕層を中心として普通に行われてきた。このような手法が当たり前のように横行してしまえば、貧乏人はずーっと貧乏人であり、金持ちはずーっと金持ちという構図がこれからも続くことになるだろう。

もともとの富裕層が持つストック財産の情報が不足しており、またとりわけ海外資産の把握については制度が不十分だったため、当局ではこういった外国生命保険を使った各種スキームについては事実上「ヤラレ放題」だった。現在ならば、いくぶんは改善と摘発が進んでいるとは思うが、国際間の法整備をパッチワークで完全に防ぐのはとうてい無理だろう。現在も我々が知らないさまざまなスキームが存在すると考えるべきだ。

ところで、ここまで外国生命保険の4つのケースを挙げたが、もちろんすべてにリスクがないわけではない。次の7つの各種リスクが想定されるので、付記しておこう。

〔外国生命保険契約の7つのリスク〕
①ランニングコスト発生（PB利用の場合「受取利息∨支払利息」にする必要あり）
②予定利率が下がった場合（※解約延長で損益分岐点まで回避できるケースあり）
③保険会社の倒産リスク
④銀行の倒産リスク（PBは事業用貸付なし→不良債権なし→低リスクではある）
⑤債券のデフォルトリスク（運用に関する部分）
⑥為替リスク（ほかの金融商品と同様）
⑦日本の保険業法に抵触

あらかじめ保険購入のため多額の資金が必要なことは置いておいても、どこまで富裕層がここに挙げたようなリスクを理解して、租税回避策を講じているかまではわからない。ただ⑦にあるように、脱法行為になることには留意すべきだろう。

また、間に入ったエージェントと長期間付き合うとは限らないので、契約書などの原本は必ず手元に置いておくなど、ある程度の自己防衛が必要だ。エージェントによっては、顧客を手放したくないなどの理由で原本を渡さない、英語が苦手な顧客を騙して解約させないなどの意地悪をするケースがある。

大事なことを書き忘れていた。税申告しない人には8つ目のリスクとして「追徴リスク」がある。

起業家の資産移転スキーム

起業家として成功してフローもストックも手に入れた富裕層の多くは、将来の円滑な事業承継や相続税の心配をすることになる。だからといってヘタな対策を打って事態を複雑にするよりも、金融資産であれば持っている財産以上の納税はなく手元に相続税（最大55％）を引いた45％以上の財産が残るわけだから、おとなしく納税すればいいのではないかというのが私の持論だ。

私の意見はさておき。富裕層の多くはプロモーターなど専門家に相談して租税回避を企てる。仮に数千万円のスキーム策定報酬（フィー）を専門家へ支払っても、その経済効果はフィーの100倍、いや1000倍以上となるかもしれない。資産継承に悩む富裕層にとっては、まさにウルトラCのような夢物語だろう。

資産移転スキームの例として、一代で企業グループを築き上げたA氏のスキームを見てみよう。やや専門的ではあるが、租税回避スキームはプロモーターが専門性を基に策定するものだ。ある程度の複雑さは、あらかじめご了承いただきたい。概観することで、どのような効果があるかをザッとご理解いただければと思う。

まず、図表2-10に整理したのが、スキーム実行前のA氏が社長を務める甲社、またその持株を100%保有する事業法人の乙社の関係性だ。

A氏のケースでは、租税回避の手続きが「その1」～「その4」までのそれぞれ4段階ある。順を追って説明していこう。

その1：A氏がシンガポールに移住

スキームの大前提として、シンガポール法人丙社設立及び丙社決算期末までに社長がシンガポールに移住して、日本の「非居住者」になる必要がある。同時に子供4人が丙社に「就職」（1年以上の雇用契約）して、シンガポールへ移住する。

図表2-10　スキーム実行前のA氏の状況

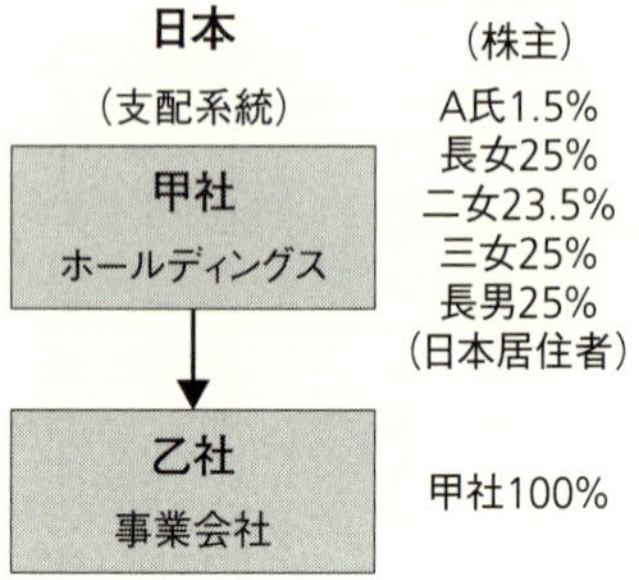

対応が必要な税務リスク

・丙社と子供との雇用契約締結
・A氏は甲社の社長を辞任
・全員、出国初年度は可能な限り日本に戻らない
・帰国した際にはホテル住まいなど
・居住者認定されないよう、仕事、家族、保有資産を日本に残さないようにする

その2：乙社の法人税額を減少させる

乙社を営業者、丙社を組合員としたTK（匿名組合）を組成して、乙社の利益（丙社のTK出資割合に応じた金額）を丙社に分配（損金）して利益を圧縮する。丙社への支払いについて非居住者の源泉徴収が必要になるが、傘下全体のキャッシュフローは「9・58％」改善される。つまり、乙社の利益が100だとすると、実行前は「30（法人実効税率を30％

とする）」であるところを、実行後は「0（源泉徴収として20・42％）」にできる。

対応が必要な税務リスク

- 乙社が丙社のPE（Permanent Establishment：恒久的施設）にならない
- 社長または丙社は乙社への影響力を持たない
- 乙社は同族会社行為計算否認に留意
- TK分配金の移転価格の問題
- TKへの出資金をいくらにするか

その3：甲社株式を課税されないように丙社へ移転する

家族全員が「非居住者」であることを前提にすると、親族分を合わせた株式保有率は25％以上であるため、各人は5％以上を譲渡すると日本で課税される。そのため、甲社株式を毎年5％未満で6年以上に分けて丙社へ譲渡すれば、非課税の扱いとなる。

補足説明になるが、株式保有率が25％以上の人の場合に課税になる理由は、そのぐらいの割合になると事業譲渡したケースと大差なくなるからだ。当局では25％以上を基準に譲渡に対して課税している。なお課税の場合の税率は15・315％（非居住者なので住民税5％はなし）となる。

この手法は租税条約を締結している相手国によって取り扱いが異なる。仮に家族の移住先を香港にしている場合には、25％以上の株式を一括譲渡しても、日本・香港ともに課税されない（不動産化体株式を除く）。

その4：丙社株を子供に「贈与税なしで贈与」する

かつて当局は、被相続人（贈与者）及び相続人（受贈者）がともに日本の非居住者（5年超）で海外資産を相続（贈与）した場合、相続税（贈与税）は非課税という取り扱いをしていた。これが、世にいう「5年ルール」というヤツである。したがって、A氏と子供たちが非居住者となって5年経過後に、丙社の株式を贈与しても課税されなかった。

ここで「されなかった」とあえて過去形にしているのは、平成29年度（2017年）税制改正で、この「5年ルール」が「10年」に延長となるからだ。

私の知り合いにも、実際にこの5年ルールのためにシンガポールなどのタックスヘイブンに移住している親子がいる。しかし期間が延長となったことで、この相続税（贈与税）回避スキームを途中で断念せざるを得なくなりそうだ。

そもそも、税金のためだけに移住するなんて、普通の人にとってはバカげた話だ。食事、文化、気候、言語、宗教、社会インフラなど、日本とは環境がまったく異なる海外に移住するわけだから、そのストレスは計り知れないだろう。人生の貴重な時間を好きでもない国で過ごすなんて、非常にもったいない話である。私もアジア各国に数十回渡航しているが、住むならば日本がいちばんだと思っている。

とはいえ、A氏のように多額のストック資産を抱える富裕層にとっては、背に腹は代えられない。10年我慢すれば、事業承継や相続税対策のウルトラCを実行できるのだ。

最後に、ここまでご紹介した「その1」～「その4」のスキームの実行状況を整理する。A氏の子供4人が丙社に就職し、丙社を組合員としたTK（匿名組合）を組成する。その間に子供4人の甲社の保有株式は丙社へ移転し、替わって子供4人は移住から10年後、A氏からの贈与により丙社の株式を保有する。丙社が甲社（ホールディングス）の株式を握

図表2-11　スキーム実行後のA氏の状況

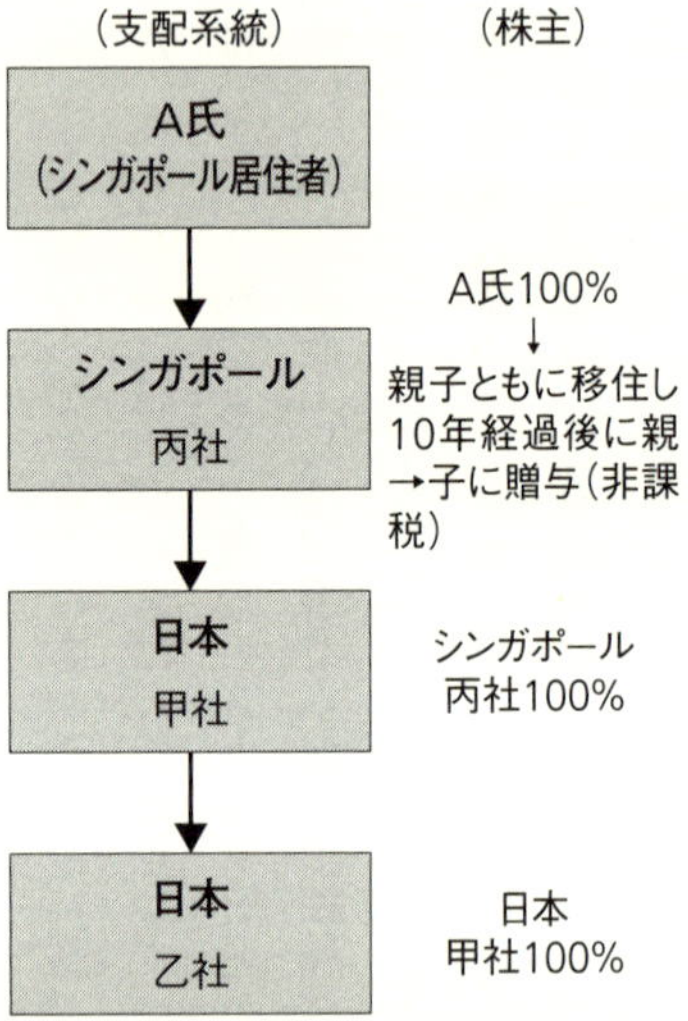

り、甲社が乙社（事業法人）の株式を持つ。これで完成だ（図表2－11）。A氏の子供4人は、本スキームが終結後に帰国しても問題ない。

関係グループ会社全体のタックスメリット（税務の観点から見た利点）としては、日本での納税が、乙社から丙社に分配したＴＫ利益の所得税20％程度で完結する点にある。株式移転により、A氏の家族は贈与税と将来の相続税を回避することができるのだ。

ただし本スキームを実行しても、結果が出るのは数年から数十年先の話で、そのときにはプロモーターがいなくなっているかもしれないから注意が必要だ。なお、ここで「結果」というのは、当局の税務調査というフィルターを通して、当初の予定どおり追徴がなかったことをいう。

租税回避スキームを成功させるためには、二つの重要なポイントがある。一つはスキームが「完全なマニュアル」であることだ。もう一つは、プロモーターが策定したマニュアルどおりに実行できるかである。のちの税務調査で追徴されるのは、後者のように実行力不足のケースが圧倒的に多い。

「富裕税」は導入すべきか?

ここまで富裕層のウルトラCとも呼ぶべき、金に糸目をつけないさまざまな方法でカネを国外に逃がす租税回避術を紹介してきた。いかがだっただろうか。第一章で見てきた庶民の手法とだいぶ毛色が違うことを感じていただけたのではないかと思う。また本章の第一節で紹介した個人投資家との違いでいえば、富裕層は「ストック資産の保全や事業継承」に重きを置いていることが確認できただろう。

さて、「富裕税」という言葉をみなさんはご存じだろうか。富裕税は、得た所得でも死亡時の相続財産でもなく、現に「生きている人が保有している財産」そのものに課税するという、富裕層への課税の手法である。ヨーロッパではスイスやオランダなど富裕税を実施している国がいくつかある。

日本でも「貧富の差の縮小」「富の再分配」「税源の確保」などさまざまな理由や名目をもって導入が検討されてきたが、現在のところ富裕税を導入する目途が立っていない。

といっても、実は日本でも戦後、所得税率引き下げの財源確保のために富裕税が創設されたことがある。当時の所得税最高税率85％が勤労の意欲に悪影響を与えるとして、GHQの要請で結成されたカール・シャウプを団長とする日本税制使節団が昭和24年（1949年）に「シャウプ勧告」を出したことが富裕税創設のきっかけだ。しかし財産のなかには収益を生まないものがあり、無理に課税するなどの執行上の問題が表面化することとなり、4年後の昭和28年（1953年）に廃止された。

ここでいう「執行上の問題」とは、国税当局が苦手とする財産の「評価」のことだ。不動産鑑定士による価格がフレキシブルになされていることからわかるように、不動産は買い手と売り手があって初めて価格が決まる。もともと市場は「一物多価」であり、評価が難しい財産が存在するものだ。例えば庭に食用のニワトリを50羽飼っていたとする。この場合の財産はいくらになるだろうか？　正確に答えることは難しいだろう。同じように一つの財産に対して税務職員全員が同じ評価をできる保証はない。このように財産そのものの把握に時間と金がかかりすぎるため、富裕税には執行上の問題が起こったというわけである。

それに加えて、所得税の補完税という意味合いで富裕税が導入されたものの、機能する範囲が限定的で「多くの税収を期待するのが困難」との当時の税制調査会の答申がされている。こうした経緯から、富裕税は日本の税法のなかでもきわめて短命に終わった。

おそらく今後も富裕税の導入が検討されるだろうが、日本国内にあっては所得税や相続税（贈与税）との兼ね合いから、二重課税、三重課税などと揶揄《やゆ》されることになり、過去の歴史と同じ轍《てつ》を踏む可能性がきわめて高い。よって富裕税の導入の可能性はほとんどないだろう。

かといって、カネに糸目をつけずにキャピタルフライトさせる富裕層に対して、公平な課税をするための有効な手立てがあるわけではない。金融の国際化が生んだ富裕層の租税回避という新たな問題は、今後も課税する側である当局を悩ますことになりそうだ。

3　法の抜け穴を悪用する輩——ループホールvs.国税局

各国で異なる「税制」と「税法」

ここまで本章では個人投資家、富裕層とそれぞれの租税回避スキームについて見てきた。お金を持つ人たちが考えるスキームは、単に納税をごまかす小細工とは、まったく種類が異なるということをご理解いただけたのではないかと思う。

税金の仕組みはそれぞれの国で違う。日本とそれ以外で仕組みがまったく異なるのは、いってみれば当然のことだろう。しかしながら、税金の仕組みが各国で異なるからこそ、租税回避を行うすき間が生まれるのだ。

ここからは、それぞれの国・地域の「一方」から見た場合に、「合法なので見逃してしまう手法」もしくは「見逃しても致し方ない手法」を取り上げたい。

最初に、当たり前の話をするようだが、各国の「税制」は各国政府の専権事項である。「税＝政治」といわれるように、国家の税制は、各国が抱える経済事情や政治家が選挙民へ行う斟酌《しんしゃく》（ウケ狙い）など、利害が複雑に絡み合うさまざまな理由により組み上げられている。

一方、税制とは逆に、「税法」自体は「数と理論」だけで成り立っている。民法などの慣習法と違って、税法は無償かつ強制的に徴収するために作り上げられるものだ。「作り上げる」わけだから、税法を創設・改正する場合には、政府・納税者のどちらに有利・不利になろうが、とりあえず理論的に筋が通るものでなくてはいけないのだ。つまり、一つの国の税法は、その国だけで考えると理論的には完全なものである。

ループホールとは何か？

しかし、国際化が進展する金融マーケットにしても、グローバル取引が当たり前になった現在では、ある国の税法がいくら理論的に完全だったとしても、第三国の税法との間や租税条約には必ずといっていいほど抜け穴が見つかる。これがいわゆる「ループホール」である。ループホールを利用することにより、何も対策を打たないで申告・納税をした場合に比べて、全世界における税負担を意図的に最小化することができるのだ。

ループホールは、いわば「国際的二重非課税」である。つまり国家間の法の抜け穴を巧みに突き、どちらの国からも課税を逃れるという手法だ。ゆえに自国の税法に瑕疵《かし》がないからと放っておくことはできない。ループホールがある世界では、「どこの国からも課税されない」というとんでもないことが起こるのだ。

ＯＥＣＤ（経済協力開発機構）などでは、これまで「国際的二重課税」や「脱税（クロ）」を重点に制度の方向性を検討してきたが、残念ながら「国際的二重非課税」という新たな問題に対応できているとはいえない。近年になってＯＥＣＤ租税委員会が「ＢＥＰＳ（税源浸食と利益移転）プロジェクト」を立ち上げて対応するようになったのは、こうした近年の状況があったからだ。もちろん日本の財務省・国税庁もプロジェクトに参加し、対応にあたっている（なおＢＥＰＳプロジェクトの詳細は紙幅の都合上、割愛させていただく）。

完全合法の租税回避スキーム

実際に、ループホールを悪用したスキームを例示してみよう。ただし、ここで取り上げる手法は、ループホールを理解しやすい簡易なものであり、グローバルに展開する法人に比べるとあくまで「小技」である点にご留意いただきたい。

X社グループは資本関係がある4社で構成されている。X社グループでは「ファンド投資会社」を新たに作ろうと計画しているが、日本での法人税実効税率は約30％と非常に高いため、なかなかファンド投資会社を作れずにいた。せっかく儲けた利益の3割がお上への上納金になってしまうわけだから、躊躇するのも当たり前だ。

「何かいい手はないだろうか」と考え、考えついたのが米国の「チェック・ザ・ボックス規則（事業体ごとに法人課税を受けるか、またはその出資者を納税主体とするかを選べる）」と、日本の外国子会社配当益金不算入制度（海外子会社からの配当の95％を所得から減算できる）を組み合わせた次のような手法だ。図表2－12をご覧いただこう。

まずX社グループは、タックスヘイブンである香港でY社を設立する（①）。香港にはキャピタルゲイン課税がないため、株式売却時も無税となる。なおY社の株主は、香港に居住しておりX社グループとは資本関係や血縁がないA氏である。

次に米国ハワイでLLC（Limited Liability Company：合同会社）のZ社を設立する。このとき外国子会社配当益金不算入制度の適用を受けるため、X社グループ4社ともにZ社へ

図表2-12　ループホールを利用したX社グループの租税回避

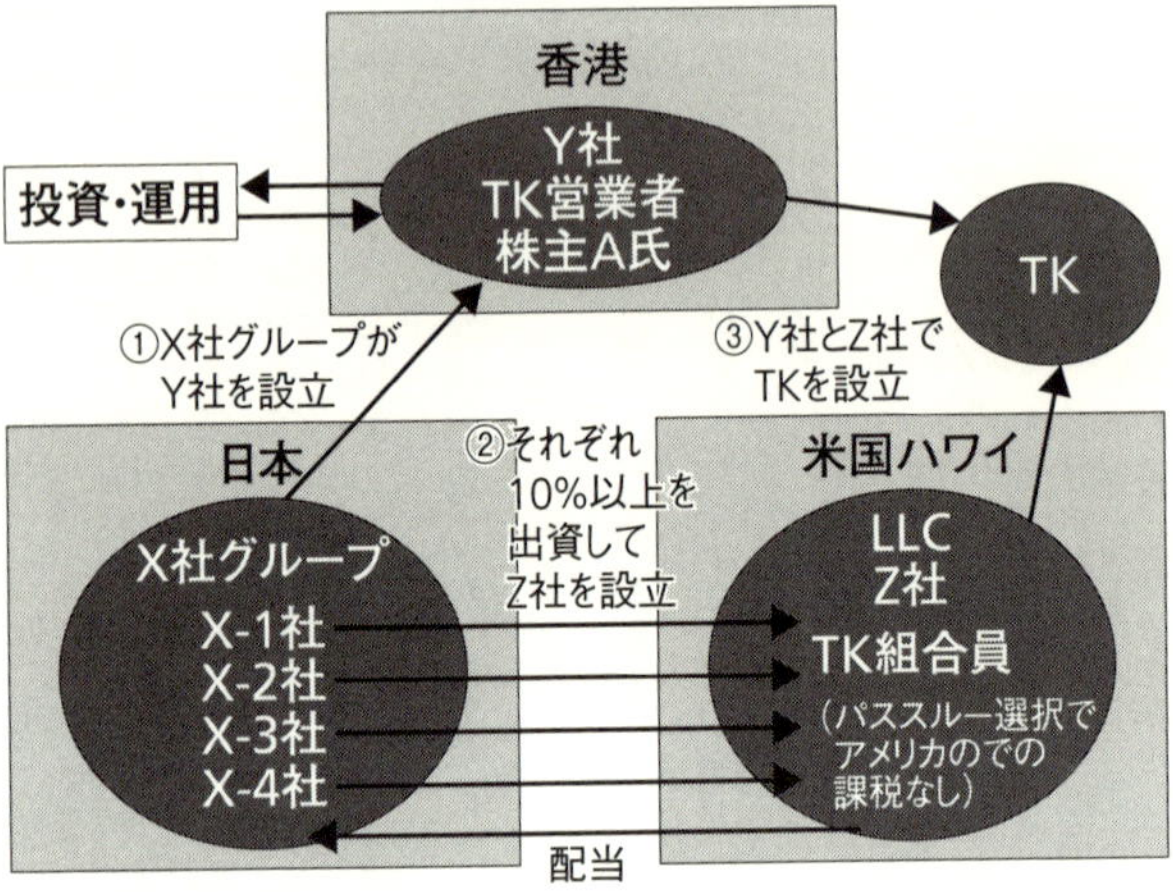

の出資割合が10%以上（国によっては25%以上）になるよう調整する（②）。

さらに香港にあるY社を営業者、ハワイにあるZ社を組合員とする匿名組合（TK）を設立し、契約を取り交わす（③）。一方でハワイにあるZ社は米国内において事業体課税ごとの法人課税ではなく、パススルー課税を選択する。これで準備は完了だ。

さて、このスキームはどのように効果が働くのだろうか。

まず香港にあるY社がファンド投資で儲けた利益は、TK組合員のハワイZ社に全額配分されることになる。一方で、ハワイ

Z社はパススルー課税を選択しているので、米国内では課税されない。すると通常はZ社の株主であるX社グループ4社が米国内で課税されることになるが、Z社の利益の源泉が国外（今回は香港）にある場合は課税されないという規定があるため、結果的にX社グループ4社は米国連邦税の課税が生じないことになる。

一方、日本では米国LLCは「外国法人」として取り扱うことになっており、ハワイにあるZ社からX社グループ4社へなされる配当は、外国子会社配当益金不算入の規定が適用される。つまりX社グループ4社は、配当の95％を課税所得から「減額」することができる。仮に配当が100だった場合95を減算、5が課税対象とされる。5のうち日本の法人税実効税率である約30％を乗じた「1・5」がこのスキームにおける税金になるわけだ。

もし租税回避スキームを策定しなかった場合の税金は「30」である。実に20分の1に税金が圧縮され、しかも「合法」である。企業としては「これは使わない手はない」となるわけだ。

ここまでX社グループのループホールを利用した租税回避スキームを紹介したが、これは「マネをしろ」という意味では決してない。わざわざスキームについて具体的に解説した理由は、「日本及び相手国の税法や関係国間の租税条約を読み解くと、税金の総負担率を下げることができてしまう」という事実をみなさんに示したかったからだ。

ただし、本件スキームは非常にグレーな部分である。形式上は問題ないように見えても、日本の親会社と米国のLLCとの間にタックスヘイブン税制を適用すべきかどうか議論があり、問題視されてきた。特に最近は前述のBEPSの動きもあり、きちんと実体のある米国LLCを設立して運営するなどタックスヘイブン税制を回避する対策が十分になされていないと課税される可能性が高いと思われる。

租税回避にはカネがかかる

ループホールの有名なところでは、米国グローバルIT企業の代表ともいえるグーグルが採用した「ダッチ・サンドイッチ」「ダブルアイリッシュ」などがある。これは低税率国であるオランダを利用して、利益移転やライツ使用料などで租税負担を回避したスキームだ。

困ったことに、こうした租税回避スキームの多くは「合法」であることが多い。脱税とは異なり、当事国が追徴することができないのだ。本来は歳入となる税金が第三国にプールされてしまう。税金によって運営される国家にとって、大変に由々しき事態である。

ただし利用する企業側が気をつけなくてはいけないのは、租税回避スキームが「利益が出た場合にだけ効果がある」という代物である点だ。損失が続く個人や法人の場合は、専門家へ支払う設計フィーや各会社のランニングコストがムダになる。はなはだバカバカしい話である。「ペーパーカンパニーなし（事業実態を持たせる）」でスキームを設計すると、それなりのコストがかかる。利益が多くない中小企業ではとてもできないだろう。

一方で、年間数兆円を売り上げるようなグローバル企業であれば、世界全体の税負担コストが数ポイント下げられただけでも効果は大きい。例えば1兆円の売上がある企業が、税コストを10ポイント少なくできたときのことを想像してほしい。相当なアドバンテージだといえるだろう。

本来は税金として取られるべきカネが企業の事業投資に回ることで、租税回避スキームを実行していない同業他社も困ることになる。事業に再投資できるキャッシュに大きな差が出るからだ。グローバル市場では、租税回避スキームのうまい下手で同業他社との勝ち負けが決まるといっても過言ではない。

「パナマ文書」の大騒動

こうしたループホールを利用した租税回避スキームを策定するときに、グローバル企業やタックスプロモーターに必ずといっていいほど重宝されるのが「タックスヘイブン」である。あえて詳しくは触れてこなかったが、なぜ彼らが租税回避にタックスヘイブンを利用するのかについて解説を加えたいと思う。

まずは平成28年（2016年）春に世間を騒がせた「パナマ文書」について触れないわけにはいかないだろう。それほど時間も経っていないので、記憶に残っている方が多いのではないかと思う。

パナマ文書はモサック・フォンセカ（パナマの法律事務所）によって業務上作成された文書で、1970年代から総数で1150万件の公的機関、企業及び個人富裕層の情報が書かれているという。各種報道によると租税回避に関する文書が含まれているとのことだった。法律事務所と顧客との間でやりとりされた、具体的かつ秘密性に富んだもので、本来は一般に公開されることのない文書である。

文書は2・6テラバイトに及ぶ膨大な機密文書で、匿名で2015年に南ドイツ新聞社に提供されたが、諸事情により（記者が自身の身に危険が及ぶと感じたことや情報が膨大で協力を仰ぐ必要があったようだ）国際調査報道ジャーナリスト連合（ICIJ）に送られて、公にさらされることになった。ICIJに参加できるのは、各国1社から2社程度の報道機関で、日本では朝日新聞社と共同通信社がメンバー（右寄りの報道機関は参加不可のため）となっている（その後、NHKがメンバーに加わった）。

機密文書のなかには、政治家や著名人などに関わる重要な情報があるとされ、この流出事件により租税回避などの「犯人探し」が世界中で行われることになり、世界を巻き込む大騒ぎとなった。パナマ文書流出事件はワールドニュースとなったのだ。

「タックスヘイブン＝悪」は本当か？

私もあるマスコミからパナマ文書の原文など資料の提示を受け、租税回避の有無やスキームの目的についてインタビューを受けた。来られた記者の方は悪質な租税回避を疑っておられたようだが、「必ずしも悪質な租税回避とはいえないのではないか」というのが率直な感想だった。

脱税の「隠れみの」としてタックスヘイブンを使うような輩はしょうもない悪党だろう。むしろ賢い人たちはタックスヘイブンを租税回避スキームの一部として複雑かつ巧妙に組み込んでいる。

では、タックスヘイブンを利用する正当な理由はあるのか？　例えば、ある投資家がファンドをSPC（special purpose company：特別目的会社）で設立したとしよう。もし設立した国でSPCの利益に課税される、あるいはSPCの分配金が配当所得として源泉徴収されれば、当たり前だが出資者の手取額が少なくなる。

このSPCがもしタックスヘイブンで設立されていれば、利益や分配金に課税されないため、出資する投資家や富裕層に大きなメリットが生じるだろう。つまりこの場合、ファンド利益を最大化することを目的として、タックスヘイブンを活用しているわけである。

あるいは企業であれば、得た利益をタックスヘイブンにプールすることにより、効率的かつ効果的な事業資金として再投資することができるだろう。もちろん、ループホールを使って合法的に、である。これらは一例にすぎないが、意図的な脱税（クロ）とは目的が異なることが一目瞭然だ。

為政者や著名人が租税回避をしていると記事を書けば媒体が売れるので、マスコミが煽るのは致し方ない部分があるとは思う。しかしながら「タックスヘイブン＝悪者」と単純化し、レッテルを貼るような報道はミスリードだと私は思う。

仮にパナマ文書で名前が明らかになった企業や個人に対して、名前が記載されているだけで「悪いヤツらだ」と報じてしまえば、不要な誹謗中傷の原因になりかねないので注意が必要である。

ノミニー制度の悪用

一方で、タックスヘイブンが世間に怪しまれる理由の一つが「ノミニー制度（名義借り）」の存在だ。ノミニー制度は情報保護を主たる目的として、真実のオーナー情報を登記することなく、第三者名義で法人登記ができる制度だ。株主や役員について、代理人名義で法人設立から運営までできるため匿名性を高めることができる。公職にある者や富裕層など、世間に投資活動などをあまり知られたくない立場の人たちにとって「持って来い」の制度なのである。

ただしタックスヘイブンはオフショア（外国）であることもあり、ノミニー制度により本国からは「見えにくい」存在となることができる。タックスヘイブン法人への直接の税務調査権限は、本国税務当局にはない。ノミニー制度自体は、正当な税務申告さえすればもちろん問題ないが、悪用して租税回避をしようという輩もなかにはいるだろう。

つまり、タックスヘイブン自体が悪であるというよりは、それをどう利用するかに問題が生じるのだ。結局は制度の問題ではなく、なにごとも「人」次第である。

知られざるタックスヘイブン「ラブアン島」

さて、「パナマ文書」の一件により、パナマだけがタックスヘイブンであるかのようなイメージが作られてしまった感があるが、最近ではパナマよりはるかに使い勝手のよいタックスヘイブンも登場してきた。

みなさんはラブアン島をご存じだろうか。マレーシア直轄領で首都クアラルンプールからは海を隔てた、サバ州の沖合いの南シナ海に浮かぶ小さな島だ。同じ海を隔てた首都よりもフィリピンのほうが近いぐらいに位置している。

以前『税金亡命』(ダイヤモンド社)という脱税小説を書いたときに、取材で訪れる機会があった。ラブアン島の存在など、ドメスティックな税理士業務だけだったら、もしかしたら知らないまま過ごしたかもしれない。

ラブアン島はもともと観光をメイン産業としていたが、国が主導して1990年にオフショア金融センターを設立し、タックスヘイブンとしての地位向上を狙った。1997年に香港が中国に返還されたとき、香港の金融センターやタックスヘイブンとしての地位が落ちるとマレーシア政府は見込んだようだ。香港が落ちぶれたときに、「お株を奪って」のし上がろうとしたわけだ。

しかしその予想に反して、中国返還後も香港の金融センターはアジアトップクラスを維持し続けた。ラブアン島は港も浅瀬が大部分のため大型貨物船が入りづらく、港湾インフラを活用したビジネスでも、香港のシェアを奪うどころか足元にも及ばないのが実態だ。

アジアでタックスヘイブンといえば、香港のほかにシンガポールがあり、ラブアン島

図表2-13　ラブアン島の地図

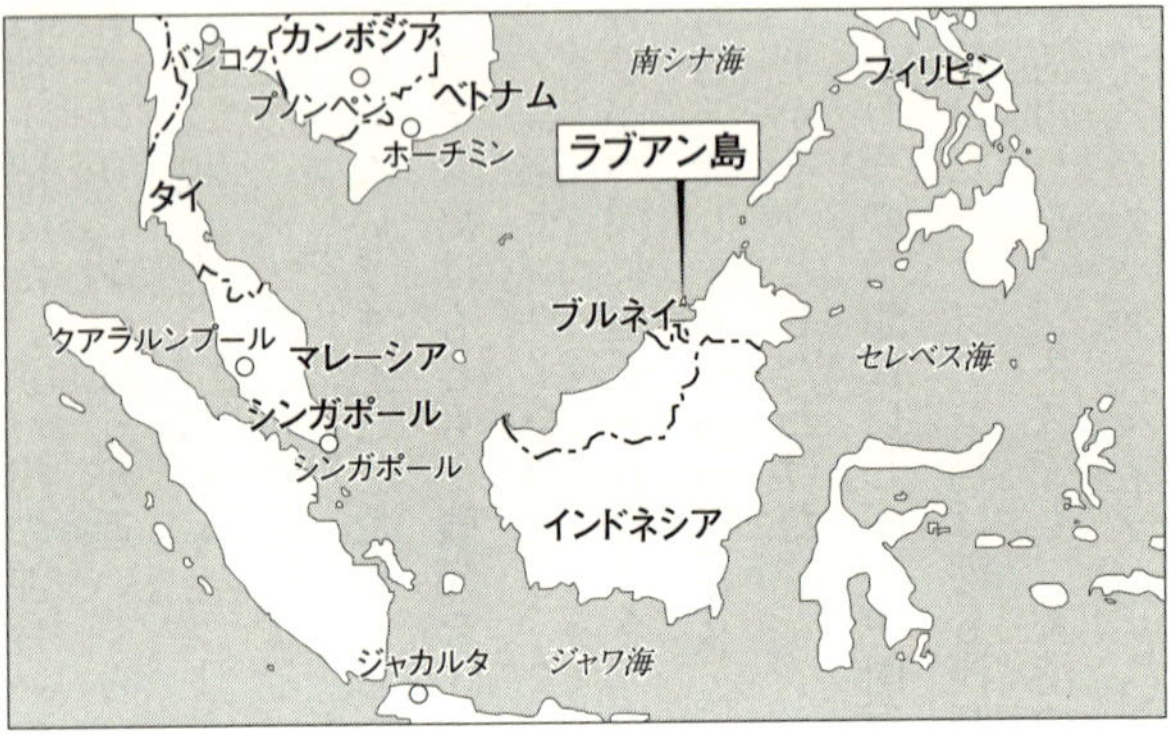

は、しばらくはタックスヘイブンとしては地味な存在のまま過ごさなければならなかった。

ところが平成12年（2000年）を過ぎたころ、IT革命によりラブアン法人の「利用価値」に着目する人たちが出てきた。特にコンピュータによる作業で、時間や場所に拘束されないIT企業を中心に、アジアの無名なタックスヘイブンは重宝されるようになった。

香港の法人税率は16・5%、シンガポールの法人税率は17%、日本の法人税の実効税率は約30%だ。一方でラブアンの法人税率はというと3%（または2万リンギット。1リンギット約25円とすると日本円で約50万円、しかも少ないほうを選択可！）となっている。

マレーシアに居住したいと思っている人に朗報なのが、ラブアン法人の役員となりビザ申請すると、マレーシア居住者になれるという点である。数年前にMM2H（マレーシア・マイ・セカンドホーム）ビザが注目されたが、就労などに制限がありビジネス向けではない。しかも、ラブアン法人からの役員報酬はマレーシア所得税が「非課税」である。

「ラブアン法人はクサい」

ラブアン法人のデメリットは、マレーシア国内業者との取引が不可となっている点だ。考えてみれば当たり前である。ラブアン法人を悪用すれば、マレーシアの税収が減少するからだ。マレーシア通貨での仕入決済も不可（経費はOK）となっている。つまり「外貨を稼いでこい」というわけだ。

租税回避スキーム策定のポイントとしては、①物販であればマレーシア本国以外の三国間取引、②日本との取引の場合は源泉徴収の対象にならない取引（手取りが減る）、③インターネットでデジタルコンテンツを提供するビジネスモデル、の3パターンのいずれかにすることだ。つまりマレーシア以外との取引であればOKということになる（なお日本向けの場合、消費税のリバースチャージで申告が必要になるケースがある）。

例えば、日本の法人で利益が1億円ある場合、日本国内では約３０００万円の税金がかかる。もしマレーシアへの移住が可能で、ビジネスモデルもスムーズに移行できるのであれば、ラブアン島は魅力的な選択だ。ラブアン法人の場合、法人税は３％なので３００万円、もしくは2万リンギットの50万円を選択できるので、実質的な税金は50万円となる。つまり会社としては残りの２９５０万円を事業に再投資できるのだ。

さらにラブアン法人は配当が非課税で、源泉税もない。外国人取締役への役員報酬も非課税（上限あり、２０２０年まで効力がある通達による）。さらには、登記情報は非公開となっている。フレキシブルな租税回避スキームの設計が可能となっている。

日本居住者（個人及び法人）がラブアン法人の株主の場合、一定の条件下で日本の「タックスヘイブン税制（株主である日本居住者がタックスヘイブン法人所得を日本で納税する）」の適用を受けることになる。租税回避スキームの設計には注意が必要だ。日本で課税されては意味がない。もちろんノミニー制度を利用すればいいというものではない。

当局の税務調査の勘所として、20年以上前は「大手文具の○○の領収書は（手書きなので）クサい」とか、10年以上前は「外注先など取引先で香港法人が出てくると怪しい」などのポイントがあった。近い将来「ラブアン法人はクサい」といわれる日が来るのかもしれない。日本からの支払先としてラブアン法人が登場した場合、どう見ても「不自然な取引」となる。移住や事業実態を持たせるなど本気で取り組まないと、簡単に追徴されてしまうだろう。

当局は国際的な租税回避を見破れるか？

本章ではここまで租税回避スキームの代表例や、タックスヘイブンの存在意義について詳細に説明してきた。もしかしたら、みなさんは個人投資家、富裕層、グローバル企業など租税回避をもくろむ輩に、やりたい放題に国税局がやられていると思われたかもしれない。しかし、当然ながら日本をはじめ各国が何もしてこなかったわけではない。「税＝政治」であり、各国の事情により関係性は異なるが、執行当局では実際に国際協力をして成果もあがっている。

本章の最後のパートとなるが、ここからは日本の「租税回避の封じ込め策（つまり租税回避事案の発見ツール）」について解説し、また国際的な租税回避をめぐり現在起こりつつあるいくつかの問題点を示したいと思う。

ここでご紹介したいのが、国税庁が公開している「国際戦略トータルプラン」である。この国際戦略トータルプランは、「海外への資産隠しのほか、国外で設立した法人や各国の税制・租税条約の違いを利用して税負担を軽減する等の国際的な租税回避行為に対して、国民の関心が大きく高まっている」ことを契機に、「富裕層・海外取引のある企業」をターゲットにして当局が対策を考えたものとなっている。

当局の「国際戦略トータルプラン」は大きく分けて、①情報リソースの充実、②調査マンパワーの充実、③グローバルネットワークの強化、④租税回避スキーム案件の把握、の4つがある。それぞれの概要を紹介して私がコメントする形で、当局側の租税回避への対応を見ていこう。

国際戦略トータルプラン：①情報リソースの充実

まず当局が考えている情報リソースの充実についてだ。どのような税務調査においてもそうだが、特に国際的な租税回避については「課税に有用な情報をどのようにして、どこから得るか」が非常に重要となる。つまり情報取得のルールや経路をどのように設計するかが急務なのだ。

以下、項目ごとに見ていこう。

国外送金等調書の活用（対象：個人及び法人）

国外送金や国外から受金した金額が100万円超の場合、金融機関は税務署に調書を提出しなければならない。調書の項目は、氏名、取引金額及び取引年月日となっている。

海外資金の情報収集を図るために、金融機関に調書提出を義務づけたものである。平成21年（2009年）3月までは200万円基準だったが、200万円未満に分割して送金・受金する者が多く出てきたので、基準を下げたという経緯がある。

調書の提出件数は、平成16年（2004年）は311万枚だったが、10年後の平成26年（2014年）には642万6000枚と倍増している。

国外財産調書の活用（対象：個人）

預金、有価証券や不動産の「国外財産」が5000万円超の者が、財産の種類及び価額等を記載して調書を提出しなければならない制度で、平成26年（2014年）1月に施行された。正当な理由がない不提出については罰則規定がある。

これは国税にそもそも制度がなく、いちばん脆弱だった「国外財産」に関する改正だ。これにより「国外財産」を国税に知られることになるため、それまで報告義務のなかった資産保有者がいちばん嫌がる改正だった。

これまでフロー（所得）を把握するノウハウは強いが、ストック「財産」については満足な把握すらできなかった国税当局だったが、この制度が導入されることで税務調査が大きく進展するだろう。これまで課税できなかった「国外財産」から生じるフローへの課税のほか、将来的には相続財産になるストックの把握にも一役買うことになった。

調書の提出件数は、制度初年度の平成25年（2013年）分で5593件、平成26年（2014年）分で8184件、平成27年（2015年）分で8893件と、年々増え続けている。調書不提出の罰則適用が2年目からだったことから、1年目から2年目に提出件数が急増したようだ。初年度に「様子見」していた者が多かったのだろうと推察する。

あくまでも年度末時点の財産が本制度の対象になるため、国外の金融商品や不動産を年末までに売却して資金を日本に還流し、再び年初に国外へ送金することが可能ならば、調書不提出でも違法ではない。ただし、金融機関を利用した送金・受金については、国外送金調書を提出する必要があるため、結局は当局に財産の置き場所を知られることにはなる。

財産債務調書の活用（対象：個人）

「財産債務調書制度」は平成27年（２０１５年）に新設された。所得金額２０００万円超かつ3億円以上の財産（預金、有価証券や不動産等）または1億円以上の有価証券を有する者が提出。財産の種類及び価額を記載することになっている。個々の財産をこと細かに把握することで、財産隠しや課税逃れを防ごうとする狙いがあると考えられる。

なお当局は制度の導入にあたり「アメ」と「ムチ」を用意した。将来、過少申告が発覚した場合に、調書記載の部分であれば過少申告加算税（ペナルティ、本税に乗じて算出）を5％ディスカウント（所得税、相続税）し、調書記載がなければ5％加重（所得税）するというものだ。

租税条約等に基づく情報交換

日本の租税条約数は68、110か国・地域（平成29年〔2017年〕6月1日現在）となっている。ちなみに平成23年（2011年）の8月31日時点では、租税条約数48、59か国・地域だった。着々と数を増やしていることからも、当局が租税条約等のネットワーク拡大に尽力していることがうかがえる。

租税条約には次の3類型による情報交換がある。

(1)要請に基づく情報交換

相手国の要請に基づく情報交換だ。具体的には調査事案において、調査対象者の銀行口座について情報提供を受けることで、更正処分（追徴）の裏づけを取りたい場合などに行われる。必要に応じて調査の委託・受託をして調査情報を得る。当局はこれを国際税務の要と考えている。

(2)自発的情報交換

特に要請がない場合でも、他国に有効な情報を自発的に提供するもの。

(3)自動的情報提供

相手国の個別的な要請を待たずに自動的に情報を提供するもので、報酬を支払う際に決まりとして発行する「支払調書」のようなものをイメージしてもらえればいい。

(2)と(3)は決められたルールどおりに情報交換がされれば特段の問題はない。しかし海外の金融機関が自社の優良顧客情報を外に出したくないため、故意に調書を提出しないこともあり得なくはないことだ。あくまでルールどおりならば、である。

一方で(1)については、二つの問題が考えられる。

一つ目は「相手国の協力度合い」だ。国の本気度とでもいおうか。例えば、もし香港の当局が相手国との租税条約に基づき、対象者への調査を厳密に始めたら投資家が外へ逃げてしまう可能性がある。投資家のカネが香港外へキャピタルフライトしてしまうと、アジアの金融センターとしての地位が低くなるおそれがある。金融以外に目立つ産業がない香港が積極的に情報提供するとは思えない。大いに疑問だ。

二つ目は「相手国の調査能力」だ。租税条約に情報交換が定められていても、執行ができなければ絵に描いた餅にすぎない。先進国は問題ないが、アジアのなかでは税務調査の技術がまだまだ未熟なところが少なくない。

あまり知られていないことだが、アジア各国の税務当局の職員（中核職員）は、日本の税務大学校で研修を受けている。日本の調査方法を見習っているのが現状だ。調査方法も国によって違いがある。例えば、シンガポールの調査は、納税者がいる場所で調査する「実地調査」ではなく、納税者に当局まで出向いてもらう「呼び出し方式」が基本となる。書類を税務署に持ってこさせて、調査官によるインタビューと文書による回答でやりとりしている。そんな調査官に、果たして日本の当局が望むようなネタが手に入るだろうか。

さらに、国によっては公務員のモラルが低いところがある。他国で仕事をしたことがあるビジネスマンなら誰しも一度は感じたことがあるのではないかと思うが、日本の公務員のレベル（特にモラル）は他国と比べると圧倒的に高い。アジアでは空港職員から役場の役人まで、とにかく金を要求される機会が多く、公務員による贈収賄事件が多発している。例えば、日本の当局がV国に委託調査したとしよう。V国の調査担当者が現地法人に対して「おたくの情報を日本の当局が欲しがっている。オレに金をよこせばヤバい情報は提供しない」などと不正を働いてしまったら、どうにもできないだろう。日本の当局が期待するような「まともな情報」を彼らから取得できるのだろうか。これも大いに疑問だ。

なお、東南アジアではカンボジアと日本は租税条約を締結していない。カンボジアが租税条約を締結しているのはシンガポールだけだ。租税条約が締結されていなければ、当然情報交換制度は成立しない。

CRS（Common Reporting Standard：共通報告基準）**による金融口座情報**

ＣＲＳは非居住者の金融口座情報を自動的に交換する制度である。オフショア金融センターを含む１１０か国・地域で実施する予定だ。平成30年（２０１８年）９月までに情報交換を開始して、以降は年１回情報交換することになっている。共通化することで、金融機関の事務負担を軽減し、金融資産の情報が効率的に交換されることにより、国際的な課税逃れが減少することが期待されている。

多国籍企業情報の報告制度の創設

総収入金額1000億円以上の多国籍企業グループが国別報告事項等を提供することになる。これもCRSと同じように、平成30年（2018年）9月までに情報交換を開始して、以降年1回情報交換することになっている。説明するまでもなく、租税回避スキームにいちばん熱心なのがグローバル企業である。彼らの情報を一括して把握することで、国際的な租税回避を防ぐことが期待されている。

国際戦略トータルプラン：②調査マンパワーの充実

調査マンパワーについては、①の情報リソースとは違って項目ごとに解説すると細かくなりすぎるので大まかな解説としたい。要するに「国際税務セクションのポストを増設する」とか「プロジェクトチームで問題に対処します」といった内容だ。当局が年間予算獲得や国税庁の定員数維持のために、ポスト増や新設セクションなどを理由に挙げるのが通例となっており、実質的な効果は不透明である。

ただハッキリいえるのは「調査マンパワーの充実」と宣言したところで、現場の調査官の能力が上がるわけでもないし、各人の意識に大きな変化をもたらすものでもないということだ。特に国際税務や租税回避の分野では、国際取引の実例に明るいことが求められるし、ハードなネゴシエーション（交渉）に耐え、ときにはケンカ（理論武装）に負けない力が必要だ。

私が国税にいたころ、査察部（マルサ）の実施担当（ガサ専門）の査察官が「俺たちは除外（売上を抜く）と架空（架空原価・経費）しかやらないよ」と得意げな顔をしていっていたことを覚えている。「除外」にせよ「架空」にせよ、つまりは本書でいえば第一章で紹介したような国内の古典的な脱税手口のことである。そのとき「お前はバカか？」と私は思った。

ここまで第二章を読んできた読者のみなさんならばおわかりかと思うが、除外や架空でマルサに尻尾をつかまれるような輩は、悪事のレベルが低いと言わざるを得ない。本当に頭がいい悪党はできるだけ目立たず静かに、スキームすら当局に察知されることなく税金を払わない輩だ。租税回避で失う税金の額は、除外や架空で失う金額と文字どおりケタが違う。

ここからは元国税局の人間としての苦言になるが、そろそろ国際畑や租税回避の解明に長《た》けた優秀な人材を登用しなければならない時期だろう。日本の税務署は、国内事業者の調査スキルは十分に持っている。極論すれば、ドメスティックの調査は平均点クラスの調査官に任せておけばいいいと思う。

一方で当局の人事評価はいまだにドメスティック部門の出身者を重用する傾向にある。声のデカい人、酒に強い人、上司に尻尾を振る人、出身地が同郷の人、幹部の親族なんてヤツらばかりが出世する組織はいかがなものか。国際税務において「調査マンパワーの充実」を謳うのもいいが、足元から刷新していただきたいものである。

国際戦略トータルプラン：③グローバルネットワークの強化

3番目は「グローバルネットワークの強化」である。これは①と重なることも多く、

「租税条約等に基づく情報交換」「CRSによる金融口座情報の自動的交換」「国際的な枠組みへの参画」「相互協議の促進（日本と海外進出国の二重課税問題の解決）」などが挙げられている。以上については①ですでに触れているとおりだ。

ここで新たに取り上げたいのが「徴収共助制度の活用」という項目である。徴収共助制度は、税金の滞納者が租税条約の締結国に財産を保有する場合、相手国の税務当局に徴収を要請することができるという制度だ。

基本的に税金を徴収するための権限は自国内にしかなく、領域外で税金の徴収はできない（治外法権）。そのため課税処分がなされて「国税債権」がすでに発生している場合でも、滞納者の国外にある財産を差し押さえることができない。この問題を解消するのが「徴収共助制度」である。徴収共助要請が可能なのは、平成28年（2016年）10月現在で48か国・地域となっている。

しかしながら、滞納者が徴収共助の規定のない国に財産をフライトさせた場合、国側に貸倒れのリスクが残る。さらに税金の滞納者本人も国外へ逃げてしまえば、タックスエグザイル（税金亡命）の完成だ。

タックスエグザイルといえば、渋谷区にあった競馬予想会社「ユープロ」の事例が有名だ。報道によると、ユープロは法人税法違反で査察部による強制調査を受けた。競馬予想プログラムを自作することで競馬を的中させて当選金を得ていたものの、その当選金を申告していなかったという事件だ。隠した所得はなんと160億円(的中させるのがすごい!)にのぼり、追徴税額は約60億円という大型の案件だった。

首謀者はイギリス人社長のベンジャミン・スミスという男性だ。査察部が調査の際にパスポートを押収したのにもかかわらず、彼はイギリス大使館でパスポートを再発行して香港へ出国してしまった。言わずもがな香港はタックスヘイブンであり、徴収共助の規定のない国の一つだ。

査察部の任務は調査により検察庁へ告発することにあるが、当の本人が香港に逃げてしまうと公判を維持することが困難になり、また徴収処分が間に合わなくなる。このケースの場合、査察部は告発を見送って課税処分に切り替えた。

ところでこの男、ハンドキャリーで一部の現金を香港に移していた。結局、日本で追徴できたのは二十数億円で、香港などに持ち出された残りの三十数億円を当局が徴収できたかどうかは、その後のニュースもなく不明である。

もし彼の逃げた場所が、徴収共助の規定のある国であれば、相手国の税務当局に徴収を要請することができるというわけだ。といっても、そもそも徴収共助規定のある国に逃げる輩はいないだろう。グローバルネットワークを強化はできても、税金の滞納者を完ぺきに逃さないようにするのは難しいようだ。

国際戦略トータルプラン：④租税回避スキーム案件の把握

当局が租税回避スキームを発見するのは、実地調査の現場であることが多い。一度発見することができれば、租税回避を発見する効果的な方法を開発し、当局内に調査事例として周知することができ、これが前例となって同様の実地調査を行うことができるようになる。

ただし、実地調査での発見をほかの調査のサンプルにするのは非常に非効率だ。ならば租税回避事案を実地調査で把握するのではなく、プロモーターが節税（租税回避）スキームを策定した時点で把握できないか。こうした趣旨から、節税を提案したプロモーター

（税理士などの専門家）に対して報告の義務を課す制度が検討されている。これについては、本章第2節の「富裕層」でも少し触れたとおりだ。

仮に導入されれば、スキームの事前開示及び利用したスキームの開示をすることになる。本書でもさまざまな租税回避スキームを紹介したが、報告を制度化すれば捕捉する確率が高くなるのは必至である。

ここまで本章の後半では、「国際戦略トータルプラン」から、①情報リソースの充実、②調査マンパワーの充実、③グローバルネットワークの強化、④租税回避スキーム案件の把握、の4つを取り上げて、当局側の租税回避への対応を見てきた。取り締まる側も真剣に対策を考えていることを感じ取っていただければ幸いだ。

第二章のまとめ

本章では、個人投資家、富裕層、キャピタルフライト、ループホール、タックスヘイブン、タックスエグザイルなどのキーワードを挙げながら、近年になり国際化かつ複雑化する租税回避の問題を解説してきた。

本書のタイトルの一部でもある「バレない脱税」とは、ここまで取り上げてきたような租税回避のスキームがほんの一部にすぎず、一般に知られていないスキームが山ほどある現状を表した言葉である。私も信託契約（trust）のうち「外国法人信託」を活用したスキームについて注目しているが、まだまだ世間にはバレていない「アイデア」がたくさん存在しているはずだ。

また第二章を通して、パナマ文書をきっかけに注目を集めたタックスヘイブンの問題が、「国際化する租税回避」という大問題のなかの一部にすぎないことをご理解いただけたのではないだろうか。できるだけ具体的な租税回避スキームを取り上げることで、グローバル税制など学者の観念的な議論になりやすい問題を、みなさんに感じとってもらいやすくしたつもりである。やや専門的な記述もあったかと思うが、富裕層やグローバル企業が講じる租税回避スキームは、そもそも複雑そのものである。読者のみなさんには難解だと感じられた部分もあったかと思うが、ご容赦いただきたい。

さて、ここまで本書では脱税や租税回避をもくろむ輩をたくさんご紹介してきたが、さらに彼らのような悪いヤツらを支援する輩がいることをみなさんはご存じだろうか。第二章でも、複雑かつ巧妙な租税回避スキームを裏で策定するプロモーターやエージェントの存在を明かしたが、本当に悪いヤツらは悪事を手助けする彼らなのかもしれない。

続く第三章では、脱税する人たちをカモにする魑魅魍魎をご紹介しよう。

第三章　暗躍する「脱税支援ブローカー」たち

第一章では、「現金商売」「宗教法人」「中小企業」の3つの例を通じて、税金逃れのさまざまな手法を見た。続く第二章では、脱税や租税回避を試みる富裕層にフォーカスすることで、近年になり国際化・多様化する租税回避手法のいくつかのケースを紹介した。

そして本章のテーマは、ずばり「脱税支援ブローカー」たちである。どんな時代でも悪いことをするヤツらの背後には、さらに悪いヤツらがいるものだ。「B勘屋」「国税OB税理士」「プロモーター」という3種類の脱税支援ブローカーを白日の下にさらし、なぜ脱税があとを絶たないのか、その根っこにあるものは何かを考えていく。

国家資格を持つ専門家、資格はないがコンサルタントと称する人、自分で脱税という泥を被ってまで税理士契約の継続を願う人、そもそも脱税協力でしか食っていけない人、脱税という恥を恥とも思わない人。本当にさまざまな人たちがブローカーになっている。彼らに共通するのは「お金の払える人」をターゲットとしている点であり、クライアントを口説くだけのプレゼン能力があることだろう。

やっかいなのは、彼らを利用する側の富裕層は、一つの案件につき一つのスキームしか実行できない点だ。税務の仕組み上、同時進行で二つ以上のスキームを実行することはできない。言い換えれば、脱税支援ブローカーが提供する租税回避スキームに、もし当局に疑われるような致命的な欠陥があったとしても、クライアント側は検証ができない点である。そうした点に留意して本章を読み進めてほしい。

1 脱税を堂々と支援する輩――B勘屋

B勘屋とは？

税務関係者などの業界用語で、決算・申告で公表しても税務上問題のない取引勘定をA勘定、そうではないワケありの裏取引勘定を「B勘定《びーかんじょう》」などと呼ぶ。「Black（クロ）な金」という意味も含まれるようだ。

そして、B勘定の「サービス提供を生業《なりわい》」とする輩は「B勘屋《びーかんや》」と呼ばれている。B勘屋は比較的高額な利益を圧縮する際に利用されることが多く、彼らの客となる業種には建設業や不動産業など取引金額がデカい会社が多く見受けられる。

では、どういう輩がB勘屋になるのか。税務署の調査回避を狙ったエセ同和（部落問題については説明を省く、もちろん当局は必要であれば誰であろうとも調査する）をはじめ、反社会団体（主としてフロント企業）や、会社が破綻して万策尽き、何でもいいからカネがほしい人たちなどさまざまである。B勘屋の手口や規模はフレキシブルに富んでいる。いくつか紹介してみよう。

タクシー運転手の架空領収書

まずは金額は小さいが、読者のみなさんに実感してもらえるように身近なところから。B勘屋で真っ先に思い浮かぶのがタクシーの運転手だ。みなさんは「なぜタクシーの運転手がB勘屋に？」と思われるかもしれないが、よくある話である。

法人タクシーの運転手は売上の約半分が歩合給となるほか、会社の利益から賞与が出る場合があるのでまだいい。だが個人タクシーは自分で走行した距離で稼ぐしかない。稼ぎは腕次第というのが個人タクシーのいいところなのかもしれないが、いずれにせよ肉体を酷使する労働集約型産業には違いない。つまり距離や時間でしか稼げない。

そこで登場するのがB勘屋という副業だ。

ロング（長距離）の実車時の領収書を発行して、額面の5％～10％で領収書がほしい輩に販売する。

例えば、グループ会社5社を経営する社長がタクシー運転手から架空領収書を買い取り、会社から経費精算として現金請求すれば、5社分の法人税圧縮（脱税）だけでなく、所得税がかからない「ボーナス」を手に入れることができる。年間1000万円程度のボーナスを捻出するのにはさほど苦労はない。領収書を買うための100万円のポケットマネーも、あとで1000万円に化けることを思えば大したカネじゃない。

架空の領収書を売る側のタクシー運転手は何枚でも発行できるし、手間もほとんどかからない。メーターのボタンを押すだけでいくらでもプリントできるのだから。社長のように領収書がほしい輩なんていくらでもいるのだから、笑いが止まらないサイドビジネスだろう。

では当局にバレる危険性はあるのか。もちろん同日付で同金額の架空経費なので、利用者側が所属する複数の会社に横並びで同時の税務調査が入って、タクシー会社に反面調査をすれば発覚する。といっても横並びで調査に入ることはめったにないし、所轄税務署が異なればなかなか発覚しにくい。意外と調査官が見逃しやすい脱税手法である。

バー・クラブの水増しや白紙領収書

バーやクラブなどで飲んだあと、会計を済ませて領収書をもらう際に、数万円を水増ししたり、金額を会社が必要とする裏金の金額に合わせられるように白紙領収書をもらうなどした経験はないだろうか。この程度なら、まだカワイイほうだろう。

ひどいのは領収書を束ごと客に売るバー・クラブだ。ちゃっかりと店の副収入にしている。税務調査を受けたときに言い逃れできるように、破綻したバーやクラブを隠れみのにして悪用しているケースも目立つ。税務署が領収書をもとに取引先を調べる反面調査をしようにも、相手先の姿かたちがなければ手の出しようがない。質問検査権を行使しようにもできず、不正計算を立証できなければ、税務署はぐうの音《ね》も出ないだろう。

クラブが企業へ不正加担するケースもある。上場企業など大口顧客の決済は「請求書払い」がほとんどなので不正がしやすい。簡単にいうと客側の会社がクラブに架空の請求をさせるのだ。自部門の予算消化のために不正を働くことぐらい日常茶飯事である。

仮にクラブから会社への3月分の請求額が100万円だとしよう。それをクラブに200万円を水増しさせ、300万円で請求させる。すると店側に200万円が入るわけだが、そこから20万円を店側へ不正加担料として支払い、残額の180万円を会社側の利用者が懐にしまうのだ。

もしカネのやりとりに使う店側の銀行口座が、税務申告に反映するオモテの口座であれば20万円では少ない。そのときはもっと高い金額を請求するかもしれない。これがもし税務申告に使わないウラ口座となれば、まるまる儲けになるのだから文句はないだろう。クラブのママと会社側の客が「ラブラブ、ズブズブの関係」だと、こういったヤミ取引が成立しやすい。

実在の会社だと何かと税務リスクが高くなるので、ほったらかし温泉ならぬ「ほったらかし会社」なんてのもある。「領収書発行用の会社」を設立して、架空領収書を乱発し、いつの間にか自然消滅させるのだ。当局側には稼働していない法人の課税情報は集まらないので、彼らはそうした税務調査の対象になりにくい穴を見事に攻めている。

「反社」をタテにする方法

不動産開発では土地を取得するときに、地上げ業者などに対して「コンサルタント料」が支払われることがある。もちろん「地上げ」はオモテに出したくない事実だ。一方で不動産のように儲かる案件は、地元有力者の利害関係が絡むことが少なくない。当然、彼らは地上げに関係している事実を隠そうとする。

そこで登場するのが反社会団体の関係者（以下、「反社」）だ。反社が地上げしたことにして地元有力者はウラへ隠れる。方法は簡単、反社が「コンサルタント料」の請求書を発行して、その領収書をもぐりこませるのだ。

反社の税務調査は非常にやりづらい。クセの強い彼らを相手にするには、税務署の一般調査担当の調査官では力不足だ。だからといって調査能力の高い特別調査班の調査官を派遣すればいいという話でもない。調査妨害に近い行為により時間がかかり、スムーズに調査は進まない。調査日数が限られていることもあり、税務署に抗議などされてはたまらない。

もちろん、税務署は一般事業者と同様に、反社に課税問題があれば調査対象にしている。しかし、実際は国税局課税部資料調査課《リョウチョウ》などの別部署で対処していることが多い。

地元有力者にとっては、完ぺきな防御にも見える反社の介在にも、穴がときどきある。こんなことがあった。いつもどおり不動産取引に反社が発行する領収書が出てきて、当局で調査することになった。ふと領収書の発行日に反社関係者が何をしていたかを周辺調査してみたところ、なんと当日は本人が服役中で刑務所のなかにいたことがわかった。これでは「コンサルタント業務」などできるわけがない。完全にアウト（追徴）である。

赤字会社を介在させた脱税

人が脱税の誘惑にかられるのは、突発的な利益が出てしまったときだ。その多くが不動産譲渡によるものである。節税の対策を立てる時間的な余裕もなく、つい脱税に手を染めてしまう。そんなときに手っ取り早いのが「赤字会社」を介在させる方法だ。

具体的なケースをご紹介しよう。図表3－1の上の図にある通り、A社はB社に原価10億円の不動産を20億円で売却した。つまりA社の利益は10億円だ。でもA社は税金を払いたくない。

そこで登場するのがC社である。「パターン1」をご覧いただこう。C社にはもともと

図表3-1　赤字会社を介在させた脱税

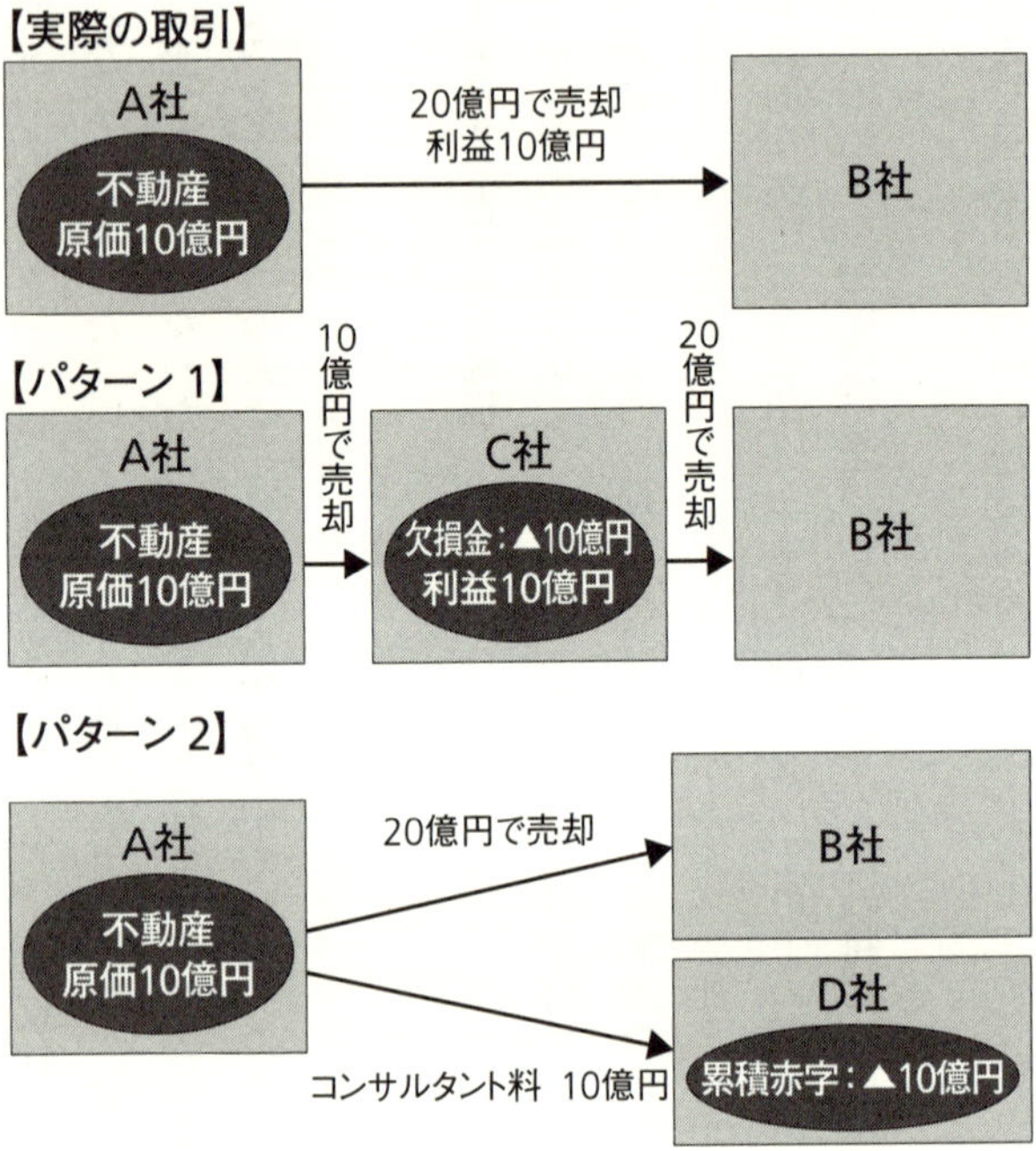

累積赤字が10億円ある。

もしC社が原価10億円の不動産をB社へ20億円で売却すれば、利益と欠損金が相殺となり税金はゼロになる。つまりC社の手元には10億円が残る。そのためA社はC社が販売者であるように偽装するのだ。

「パターン2」もある。

こちらはA社がB社へ原価10億円の不動産を20億円で売却して、10億円の利益を得るまでは同じだ。違うのはC社と同じく累積赤字が10億円のD社へコンサルタント料を支払う点だ。D社はコンサルタント料で得る利益ともともとの欠損金を相殺して税金がゼロになる。当然、ウラではD社からA社へ成功報酬を引いたカネをバックすることになる。このD社、税務署が調査しにくくするためB勘屋（主として反社やエセ同和）のこともある。

こうした赤字会社を介在させる脱税は昔からよくあり、正直にいえばいちばん稚拙な手口だ。バレやすい仕組みのため脱税として摘発されることも多い。偽コンサルタントや会社を売買するウェブサイトの運営者がこうした手口の片棒をかつぐことが多い。ひどいときには税理士などの専門家がこうした脱税プランを提供していることがある。節税を考える時間がないからといって、安易に利用してはいけない。

2　癒着で暗躍する悪いヤツら——国税ＯＢ税理士

次に紹介するのは国税ＯＢ税理士だ。私自身も国税ＯＢ税理士ではあるが、ごくごく一部ではあるが、風上にも置けない悪い輩がいる。

そもそも国税OBにはどんな人たちがいるのか。驚くことに15年以上前には、国税局・税務署幹部になり定年の1年前に勇退すると顧問先の斡旋を受けることができた。斡旋するのは「当局」だ。申告内容を調査する側が、調査される側にOBを斡旋する。これは冷静に考えてみればおかしな話である。

OBを斡旋していた時代に、札幌国税局長を最後に退職した東京国税局のノンキャリア組OBが、税理士の信用失墜行為「自己脱税」でマルサに摘発されるという事件があった。これは税理士法に定められた「信用や品位を害するような行為」を本人がしたということだ。申告漏れは数億円にのぼったという。営業もせず（そもそもする能力がない）、決算・申告・税務指導もしないこのOB税理士が、不労所得である斡旋による税理士報酬を申告しないという前代未聞の事件だった。そうした行為を平気でする不届き者がほかにも数人いたようだが、刑事扱いにはせず課税処分だけで終わらせたようだ。

情報公開制度の時代の波に逆らえないこともあり、今となっては当たり前だがこうした斡旋制度は廃止になっている。斡旋できなくなってよくなったかというと、そうでもない。当局の人事一課が斡旋業務を一元化整理しなくなったことで、特定の国税ＯＢが力を持つようになり、シンジケートを作っている。

なぜ国税ＯＢが根強く企業に重宝されるのか。やはり現職時代に身につけた「脱税者のノウハウ」と、当局が脱税者と本気で喧嘩する「レッドライン（越えてはならない一線）」の感覚があるからだろう。こうした皮膚感覚は一般の試験組税理士にはないものだ。こういったことが、ときに脱税を試みる者からは魅力に見えるのかもしれない。

前置きが長くなったが、国税ＯＢ税理士の暗躍を見ていこう。

射程距離を熟知

国税ＯＢ税理士は、現役時代に多くの調査案件に従事する。税務署の法人税調査なら年間30件程度、国税局課税部資料調査課（大口悪質事案がターゲット）なら年間25件程度、国税局調査部（大企業）なら年間数件程度といった具合だ。

税務調査というのは、調査に必要な帳簿書類やデータを納税者側に準備してもらい、調査官がこれらを検査しながら疑問点につき質問をして進めていくのが一般的である。帳簿書類やデータだけではわからないことが多いので、経理だけでなく、営業などの現場にいる人にも質問することになる。

税務はさまざまな経済取引を取り扱う。経済取引のほとんどが税法に関係しているといえる。取引に関するストーリーの構築方法や証拠の充実によって、正しい事実認定が困難となって答えが変わることがある。税務的な観点だと「グレーゾーン」が少なくないため、多角的に事実確認する必要がある。間違った事実認定を避けるため、場合によっては反面調査で取引先や金融機関などの取引関係者にまで調査範囲を広げることもある。

国税ＯＢが多くの調査案件に従事しているということは、完全なクロ、完全なシロだけでなく、数多くのグレーゾーン案件に関わってきたことになる。つまり自分が現役のときに課税が困難だった事象について、「なぜ課税根拠が弱いのか」を熟知しているということだ。グレーゾーンでは当局の「見方」、あるいは納税者側の「見せ方」によって、見解が分かれることがある。租税回避スキームでは、この「見せ方」がすべてといっても過言ではない。

したがって、当局が主張する課税根拠の事実認定に対して、国税ＯＢはグレーゾーンを熟知しているので代理人としての抗弁の機会を存分に活かすことができるというわけだ。

調査途中で調査妨害ともとれる言動を試み、あるいは事実と異なる「ストーリー」を仕込み「見せ方」を変えて調査官をミスリードさせる不届き者もいる。また税務署の調査官が嫌がる「異議申し立て」や国税不服審判所への「審査請求」をちらつかせ、相手をねじこむ。彼らの「交渉力」という強みは、当局の「射程距離」を知っている点にあるといえる。

この射程距離こそが税務調査対策をウリとする国税OB税理士の武器であり、上場企業を含めた多くの企業が顧問契約している理由といえる。企業にとっては一種の保険商品であり、「税務調査で減額できた税金」に比べたら顧問料など安いものだろう。

国税OBの二つのタイプ

国税OB税理士には「早期退職組」と「定年退職組」の二つのタイプがいる。

一つ目の早期退職組は、定年の数年前に退職して税理士開業する国税OBである。親が税理士だった者、別の国税OB事務所を継承する者、まったくの新規に開業する者などに区分できる。さらに、在職中に税理士試験に合格した者（試験組）と一定条件を満たして資格を取得した者（試験免除組）に分けられる。

早期退職組は、独立志向が高い者、組織に馴染めない者、組織で出世できない者、不祥事により退職せざるを得ない者など多岐にわたるが、定年退職組に比べて、自分で稼がなければ食っていけない期間が長いこともあり、バイタリティがあるほうだといえるだろう。

二つ目の定年退職組はどうか。国税局は定年になると第二の人生の選択をすることになる。15年くらい前までは、国税局や税務署を定年になった人の多くが税理士登録をしていた。また本節の冒頭で述べた通り、国税当局は指定官職（税務署の副署長級以上）で退職すると、組織が顧問先を斡旋していた。ビジネスマンのようにマーケティングや営業ができないダメな国税ＯＢでも、お金をもらえたのである。退職者の多くが民間では使えないと思ってもよいぐらいなのに、だ。地方国税局長や東京国税局の部長級で退職したＯＢで、当局斡旋による顧問料が年間3億円以上という人も珍しくなかった。すごい時代だ。

現在は、斡旋制度が廃止されたので、個人事業主として飯を食っていける国税ＯＢは少なくなった。必然、定年退職組で税理士登録する者は激減した。税法をほとんど勉強していないお世辞にも税理士とはいえない人もいたわけだから、市場にとってもよいことだったと思う。

なぜ「癒着」が起こるのか？

国税ＯＢ税理士の最大の問題は「癒着《ゆちゃく》」だ。言語道断ではあるが、ＯＢ税理士が現職の職員を接待したり、最悪のケースでは賄賂を渡して自分の顧客の調査情報などを収集することが起きている。なかには調査を進行管理している税務署の統括官が、ＯＢ税理士から頼まれて「故意に調査対象から外す」という不正を行ったというひどいケースもあった。

大阪国税局管内で起きた事件を紹介しよう。国税ＯＢ税理士Ａ氏と現職のＢ氏は、現役時代に同じ部署で勤務した先輩後輩の間柄だった。Ａ氏が職場を去って税理士になってからも、二人の交流は続いていた。

あるとき、Ａ氏がＫＳＫ（国税総合管理）システムの課税検索資料（納税者の具体的個人情報）を不正に取得するように要請し、現職の職員であるＢ氏はプリントアウトした課税検索資料を渡した。またあるときは、Ａ氏の顧問先企業をＢ氏が調査担当することになり、税務調査の際に追徴税額に手心を加えて相当の減額をした。見返りは数十万円の「チップ」や繁華街での飲食代だった。完全な癒着だった。

もちろん当局では国税OB税理士との接触を制限している。だが同じ釜の飯を食った先輩から頼まれごとをされたら、現職の職員たちにしてみれば簡単には断りづらいのかもしれない。飲み会がやたらと多いのも国税の伝統である。1年の節目、事案の節目、同じ職場の飲み会、出身地別の飲み会、税務大学校の同期会など、本当に飲み会が多い。そもそも距離が近く、癒着が起きやすい体質なのかもしれない。

マルサ出身OBは「事件屋」になりやすい

「事件屋」と呼ばれる税理士をご存じだろうか。当局の税務調査の際にピンチヒッターのように登場する税理士で、グレーゾーンをめぐるシロクロについて税務署と力強く交渉するタフネゴシエーターである。射程距離を熟知する国税OB税理士に多い。

現職のときにも感じていたが、税理士として活動するようになってさらに感じるようになったのが、「事件屋」の現職時代の所属部署に「マルサ（国税局査察部）」出身者が多いということだ。マルサが手がける対象は、中小・零細企業がほとんどである。法令・通達に精通している者が少なく、なかには言葉は悪いがハッタリで生きてきたような人がいたりする。

マルサの出身者は、残念ながら大企業から税理士業務を委任されることが少なく、このため「事件屋」へと進化したのかもしれない。たしかに「事件屋」は、税務調査を上手にパスできたら、法外な成功報酬をクライアントから受けることができる場合があるからだ。

ただリスクも高い。「事件屋」の実例から解説しよう。飲食業や風俗業の顧問先を多数持つ国税OB税理士C氏は、顧問先からの度重なる懇願により「これなら大丈夫だろう」というある脱税手法を指導した。C氏は現金商売や風俗業を専門的に担当する「ハンカ（繁華街担当）」での経験から、当局にバレにくい脱税方法を熟知していたのだ。

ところが、税務調査であえなく脱税が発覚してしまった。C氏にとってまずかったのは、税務調査を受けたC氏の顧問先である納税者が「C氏の指導でやった。俺は悪くない！」とケツをまくってしまったことだ。当たり前だが脱税相談やほう助は税理士法で禁止されており、C氏は2年間の税理士業務制限処分を受けた。つまり自分の名前で税理士業務をすることができなくなったのだ。自業自得である。

税理士の使命は次のとおりである。「税務に関する専門家として、独立した公正な立場において、申告納税制度の理念にそつて、納税義務者の信頼にこたえ、租税に関する法令に規定された納税義務の適正な実現を図ること」（税理士法第一条）

国税ＯＢ税理士が顧問先からグレーゾーンにおける手腕を頼られ、ついお金に目がくらんでしまう気持ちもわからないでもないが、税理士は税理士法という制度に守られた職業である。不法な手段で稼ごうと思ってはいけない。

3　世界をまたにかけて脱税を支援する悪いヤツら――プロモーター

脱税協力者というと、利益圧縮などの「取引」に直接かかわる方法をイメージしがちだが、脱税をビジネスとしてクライアントに提案する輩がいる。「1円たりとも余計に税金を払いたくない」という納税者側の要望に対して、一般的な節税（ときに脱税）と違った手法を提案することで高額のフィーを得る。それがプロモーター（エージェント、ブローカーなどとも呼ばれる）だ。

いろんな国や地域、そして業種にわたっているのがプロモーターの特徴だろう。まともなプロモーターもいるが、日本人が日本人を騙《だま》すといった詐欺集団も少なくない。代表的なプロモーターを紹介していこう。

ファンドハウス（資産運用会社）

ファンドハウス（資産運用会社）は、複数の投資家から集めたお金を一つにまとめ、運用する会社だ。彼らはアジア屈指の租税回避地である香港やシンガポールに拠点を構えることが多い。金融当局の規制があり、日本で業務をする場合には「金融商品取引法」に基づき、営業活動をするだけでも「金融二種」「助言業」などの登録が必要となる。

ところが、海外のファンドハウスは会社規模の大小に関係なく、こうした登録を受けていない「モグリ」が少なくない。登録の金銭負担は大したことがないので、受けようと思えば受けられる。それにもかかわらず登録していないということは、彼らは意図的に受けない方針なのだろうと推察する。ヨーロッパに拠点を置くようなグローバル企業のファンドハウスでさえ、日本では許認可を受けていない。日本で規制を受けたくないとか、当局にファンドハウスの業務内容や顧客情報を収集されたくないということなのだろう。

ファンドハウスは海外の会社であり、投資経験のない素人には手が出しにくい。つまり客が集まりにくい。そこでファンドハウスが頼りにするのが日本の税理士など専門家たちだ。彼らはすでにカネを持った顧客を抱えており、さらに顧客の性格や懐具合までを熟知している。会社社長ならば経営の相談もしているだろう。専門家は顧客からの信頼が厚く、彼らがファンドハウスを勧めてくれれば契約の確率も相当に高いのだ。

実際に、都内の税理士法人が投資セミナーを主催し、見込み客を囲って香港などの現地ツアーを企画するといったことが普通に行われている。たいていはモグリなので国内で行うセミナーでは具体的な投資商品名を出さず、海外ファンドハウスの現地ツアーへ顧客を連れ出すことを最優先とする。

専門家たちがそこまでがんばるのも、ファンドハウスとのアライアンス（協力関係）を維持し強化を図るためにはもちろん、顧客がファンドを購入した際に入るコミッション（手数料）がデカいからだ。ファンドハウスにとっても、専門家に払うコミッションは自社独自で営業活動した場合の宣伝費や販売促進費に比べたら微々たる金額であり、最終的には顧客がファンド購入時に支払うイニシャル（初期）コストにそうした費用がオンされているので痛くも痒《かゆ》くもない。付随収入として、海外投資ツアーを企画した際に、委託した旅行代理店からのキックバックがある。

具体的に考えてみよう。顧客が1億円のファンドを購入したとする。ファンドハウスが顧客に5％を上乗せして請求し、それを専門家へコミッションで払うとするなら、懐に入るのは500万円だ。仮に同規模のファンドを10人と契約できれば5000万円、100人ならば5億円となるわけだから、専門家がご執心になるのもわからないでもない。

しかし顧客から見たら、たまったものではない。金融商品の5％は大きな数字だ。仮に年間のリターンが5％でも、1年分のリターンがチャラになってしまう。もしファンドに損失が出たら目も当てられない。日本の銀行に預金しておいたほうがマシだ。まさに本末転倒といえる。ファンドハウスをプロモーターとして取り上げたのは、集まるカネがそもそもわけありだからだ。ファンドハウスからのコミッションは申告されていないケースが実に多い。誤った税情報や脱税スキームを営業トークにしているところが実際に存在する。顧客から「搾取」している専門家がたくさんいるので気をつけたいものだ。

プライベートバンク

元読売新聞記者で作家の清武英利《きよたけひでとし》氏が書いた『プライベートバンカー』（講談社）という本がある。前述のとおり、私も『税金亡命』（ダイヤモンド社）という日本と香港を舞台にした脱税小説を出しており、同時期に発売された同書が気になったので読んでみた。内容は、プライベートバンク（ＰＢ）の業務について綿密な取材に基づいた真実が語られているというものだ。

私は国税局を辞めて独立開業してから数年間、業務上の理由で香港や東南アジアに頻繁に渡航していたが、香港側からバンクオブシンガポール（ＢＯＳ）を知ることができた。またＢＯＳをはじめ、海外ＰＢの「業務」を学ぶことができた。

ＰＢというのは、ヨーロッパを中心に発達してきた匿名銀行である。日本の金融機関の「プライベートバンク部門」とは似ても似つかない代物である。では、ＰＢはどんな業務をしているのか？

日本の銀行のような窓口はない。金持ちしか口座を開設できないという話は第二章に書いたとおりで、ミニマムで１００万米ドル（最近は３００万米ドルというＰＢが増えてきた）

が必要になる。顧客ごとに専任担当者がつき、訪問してやりとりをし、ときにはいっしょに飲食をしたりもする。

商業銀行（いわゆる銀行）と異なるのは、企業に貸付などをしない点である。よって貸倒リスクは少ない。ではPBはどこから収益を稼得するのか。顧客に斡旋《あっせん》する保険会社やファンドハウスからのコミッションがメインだ。企業に貸付しないといったが、顧客には貸付することがある。ただし保険商品などに質権設定した場合などであり、やはりPB側のリスクは少ない。

PBが顧客に斡旋する金融商品は相当数ある。顧客の要望に応えるために、必要の都度、情報提供できる体制がとられている。世界市場のあらゆる商品を買うことが可能だ。ただ、顧客は金持ちといっても投資のプロではない。そうするとPBへ完全に「おまかせ」の一任勘定（ラップ口座〔投資一任口座〕など）での取引をすることになる。PBはこうした取引のなかで、コミッションの高いものを優先して、顧客に売りつけていることは疑いのないところである。

PBは顧客ごとに専任担当者がつくコンシェルジェ体制なので至れり尽くせりにも見え

るが、顧客にとって不満なことが一つある。担当者の人の入れ替わりが激しいのだ。

ＰＢのバンカーは成果報酬型での契約がほとんどで、自分自身が顧客からのコミッションを狙う「一発狙い」のビジネスマンである。そのため彼らは優良顧客を多く抱え、インセンティブ（報奨金）の高いＰＢへの転職を常に考えている。日本の銀行のように毎年昇給があるわけではない。実力主義なのである。ＰＢのバンカーは概して顧客目線ではなく、バンカー自身の転職に合わせて自分の顧客を新たな転職先のＰＢに移管させることも多い。

またバンカーの入れ替わりが激しいもう一つの理由として、営業ノルマを達成できない場合に解雇されるという厳しい現実がある。初年度に50億円相当の資産をＰＢに積ませることができなければ解雇されるという厳しい世界である。

私も香港のＰＢで転職1年目のバンカーが解雇されるのを間近で見たことがある。彼は元いたファンドハウスで持っていた顧客をＰＢに移管したうえで解雇された。しかもＰＢに移管した顧客を次の転職先に移そうと思っても、それは契約でペナルティ項目となっている。はた目にも気の毒と思ったものだ。実際に、顧客を転職先に「誘導」して前の会社に訴訟を起こされたという人がいた。

海外PBのバンカーが来日するのは月に1度くらいと、意外と頻繁であることが多い。営業に必要な資料は紙媒体では日本に持ち込まない。USBメモリーやインターネットのクラウド上にデータを置いておき、必要時に街のコピーセンターで印刷、製本して顧客へのプレゼンに臨む。余部になれば廃棄し、メールや電話についても、後日の証拠にならないように細心の注意を払っている。ツールの一例として、Wickr（ウィッカー）などの通信痕跡を残さないアプリなどがある。徹底した金融庁対策だ。私も税理士業務の関係でバンカーと同席することがあるが、スパイ小説に出てきそうな彼らなりのルールが多い。東京国税局の「情報セクション」で仕事をしてきた私でも「へぇ」と感心したものだ。

ちなみにクロージング（契約）はPB本社や支社がある香港やシンガポールで行われる。その際には多額の海外送金が行われるので、金融庁もPBの動向はある程度把握できているはずだが、国内での営業活動の証拠がほとんどとれないため動けないのだろう。金融庁には例年多くの国税からの出向者がおり、金融機関調査の技術は国税と同等だが、私が知るいくつかのモグリPBはいまだに摘発されていない。なおPBもファンドハウス同様、わけありのカネが流れこんできており、マネーロンダリングに利用されることがある。

投資銀行

投資銀行というと一般の商業銀行（都市銀行など）と同じようなイメージを持つかもしれないが、同じなのは「銀行」という名前だけだ。預金を集めて融資をするといったことはしない。英語の Investment Bank が語源なので「投資銀行」と和訳しているが、日本の銀行法では投資銀行という呼称は許されていない（例外として政府系で日本政策投資銀行がある）。

投資銀行の業務は、証券引き受けによる資金調達や各種コンサルティングを行うことである。商業銀行に比べれば、専門的な金融サービスの提供をする銀行といえるだろう。証券会社の業務と似ている感じもするが、株式売買の仲介はしない。投資銀行とは名乗っていないが、「投資銀行業務」をしている銀行、証券会社、コンサルティング会社があり、あえて区別しても意味がないが、ここに記述するのは「海外の投資銀行」の話である。

私の税理士事務所は、金融サービスを業とする会社から、面談だけでなく電話やメールなどで営業を受けることが多々ある。最近、目立つようになってきたのが投資銀行または投資銀行グループからの金融商品の斡旋依頼である。

ニュージーランドのある投資銀行からは、次のような営業があった。曰《いわ》くニュージーランドは不動産関連ビジネスが堅調で、抵当権付きの住宅ローン投資がおすすめだという。1年ごと複利では5・0%固定金利というのは、海外の金融商品としては驚くほどの数字ではない。しかしバンカーの次の言葉に自分の耳を疑った。

「日本では国外財産調書の制度が導入されましたね。それと、日本との租税条約の情報交換制度で、利子や配当などの情報を提出することにもなっております。私どもは投資銀行ですので、商品の購入者情報は情報交換制度の対象になっていません。したがいまして、国外財産調書に記載しなくてもバレません。どういうことを意味するのかおわかりですよね」と、暗に顧客に海外投資の脱税をするよう仄《ほの》めかすトークをする。

そう言われても、投資銀行に送金する場合、まさかハンドキャリーで持ち出すわけにはいかない。銀行からの送金は海外送金調書でキャピタルフライトを当局に察知される。高額になれば税務署から「お尋ね」で問いただされることになる。バレないわけがない。しかも運用は為替の上下がジェットコースターのように激しいニュージーランドのドルである。為替差損になったらどうするつもりなのか。

このように営業を仕掛けてくるのは、日本に住むジャパンデスクの日本人であることが多い。まさか税制を営業トークに使うなんて、何とよく考えたものだ。感心ばかりはしていられない。こうして租税回避をそそのかす輩がいることを、多くの日本人がもっと知るべきだろう。

海外不動産ブローカー

「ランドバンキング」という名の資産運用が10年以上前に流行ったことがある。投資対象国はアメリカが多かった。不動産の減価償却費の計上（赤字）を利用して、他の黒字所得と損益通算（税務上の相殺）することにより節税するというスキームである。リースを使った節税スキーム「レバレッジドリース」と同様の税効果があり人気であった。

しかし平成18年（2006年）の税制改正により、直接投資による不動産購入以外は節税ができなくなった。ゆえに投資自体のリターンや現地国での課税、売却にかかる税負担（節税できた分が吹っ飛ぶことがある）、専門家へのフィーなどをトータルで考えると、海外不動産投資はもはやボロ儲けできるようなものではない。

一方でアジアに目を向けると、いくつかの理由から魅力的なリターンを期待できる案件が登場した。第二章ですでに述べたが、投資国のインカム（賃貸収入）を日本で申告しないで賃料をプール、そのカネを現地国の高いレートの定期預金に移管する脱税手法だ。これにより複利と同等の運用ができる。「インカム＋預金金利＋キャピタルゲイン（売却時に利益が出れば）」となり、数年で元本が倍以上となる。

日本が締結している租税条約は、全世界のすべての国と締結しているわけではない。アジアの国のなかでも、租税条約の交渉テーブルにすらついていない国がある。

海外不動産ブローカーは、そういった租税条約のない国や地域を悪用することにより、最大のリターンを営業トークに日本国内で活動している。彼らは豊富な金融知識とブレーンである専門家との提携により、見込み客を年々増やしている。

コンサルタントと名乗る人々

アジアに渡航する機会が多いのでいろんなビジネスマンと出会うが、渡航先で出会う職種のなかで目立つのが「コンサルタント」という職種だ。国家資格でもなければ、誰かが品質保証したものでもない。自分の名刺に「〇〇〇コンサルタント」と印刷すればいいいだけである（もちろん国家資格保有者よりも優れたコンサルタントはいる）。

私は曲がりなりにも税理士という専門家であり、プロモーターのように自分の顧客を騙して、無理してまでコミッションの収入を得る必要がない。もしコミッション目当てで自分の顧客に紹介・斡旋して、詐欺にでもあったら大変だ。失うのは大切な自分の顧客だけではなく、税理士にとっての生命線である信用を失うのだ。士業は顧客からの信頼がなければ食べていけないわけで、そのリスクを冒してまで「余計なコンサル業務」はしない。

しかし「○○○コンサルタント」はコンサルティング業務こそが本業だ。いろんな商品やスキームを勧めて、はじめて報酬を得るのだ。顧客にとってもうまいこと税金を払わなくて済むなら、それに越したことはない。

しかし、コンサルタントの難点は大きく分けて二つある。

まず一つ目は、税効果がなかった場合（税務調査での追徴を含む）や投資案件でリターンがなかった場合に、結果責任を問えないことである。失敗して当局に税務調査に入られたとき、税務の専門家である税理士ならばアドバイスできることがあるが、コンサルタントにできることはほとんどない。失敗したときには、もう目の前から消えているケースも多いようだ。

二つ目は、コンサルタントが顧客に対して耳に心地のいいことしか言わないことだろう。結果的に商品が売れてコミッションが得られればいいのだから当然だ。専門家はさまざまなリスクを避けて保守的なアドバイスに終始することが多い。

投資のリターンについての説明は熱心だが、損失の話はしない。節税としてなら税務調査でのリスクについては触れない。要は「売るだけ」で無責任な輩が多いのだ。顧客にとって重要なことは、投資リスクであり追徴リスクであるはずだ。田舎の金持ち、年寄りの金持ちは、コンサルタントの提案に簡単に乗ってしまう傾向が強いような気がする。気をつけてほしいものだ。

第三章のまとめ

ここまで、第三章ではB勘屋、国税OB税理士、プロモーターという3種類の脱税を支援するアクターを見てきた。いわゆるB勘屋は昔ながらの手口であり、素人でも簡単に進出できる業界といえる。簡単に進出できるということは、税務申告という「税務処理のゴール」まで考え抜かれた策ということまでの保証はない。目の前の「領収証代」をもらうために、依頼者に対して「絶対にバレないから」という根拠ゼロの口説きだけできれば成約する類のものといえる。

国税OB税理士はどうか。彼らは業界を長い間にわたり経験してきた（傍観するだけの者も多い）のはたしかで、税務署との射程距離の感覚は試験組税理士よりはあるだろう。ただし、あくまで経験値だということも問題を引き起こすことが多い。本人が経験してきた「小さな成功体験」が汎用性を持った成功事例になるとは限らないからだ。既存の脱税手法を知っているだけで、新しい手口を企画できるかは未知である。「なんちゃって脱税スキーム」の策定でもらえる成功報酬に目がくらんでしまい大失敗した例は、先ほど見てきたとおりだ。

なんせ現職時代の給料は、都心の税務署長でも年収1500万円もいかない。退職後に一発当てて数百万から数千万の報酬をもらえるとなれば、無理をしてしまう輩が今後も出てくるのだろう。

そして従来型の前二者とは異なり、近年になり顕著になってきた悪いヤツらはプロモーターという人々である。なぜプロモーターの暗躍が目立つようになってきたのか。その理由はいくつかあるだろう。

まず、第二章で見てきたように、金融ビッグバン以後に金持ちに豊富な金融商品を紹介する必要が出てきたことが挙げられる。また海外商品を提案するためには、金融商品の税務を「商売道具にする」必要が出てきたので、インテリ層のエージェントやブローカーが台頭してきた。そしてエージェントやブローカーがビジネス展開を最大限効率化するために選んだパートナーが弁護士、公認会計士、税理士などの専門家だったというわけだ。

本当に悪いヤツらは誰か？

最後に。本書では、第一章で古典的な脱税手法を紹介し、第二章では国をまたぎ税金逃れを試みる租税回避術を見てきた。そして第三章では、さらにそうした脱税を支援するブローカーたちにご登場いただいた。

ここまで読み終えた読者のみなさんに問いたい。本当に悪いヤツらは誰なのだろうか？

矛盾したことをいうようだが、本書で扱ったような「バレない脱税」は、すでにバレている（まだバレていない人は運が良い）のであって、さらにバレない脱税（新たな租税回避術）

はきっとどこかで生まれているだろう。プロモーターが策定した租税回避スキームを富裕層が実行し続ける限り、このループは永遠に続く。

私は本書の冒頭で国税当局による税務調査を「ドブさらい」にたとえた。ドブというのは、雨水や汚水が流れる「みぞ」である。この「みぞ」は私たちの生活を支える経済活動であり、そこを流れる「水」は平たくいえばカネである。世の中にカネが流れる限り、ドブには「ヘドロ」がたまる。きちんとさらってキレイにすることで、流れを止めないようにすることが必要だ。

国際化が飛躍的に進んだことにより、「水」が濁って「みぞ」の底が見えにくくなっているのが現状だ。みなさんには、これからもドブにたまる「ヘドロ」をきちんと見ていてほしいと思う。

あとがき——脱税はなくならない

本書は決して脱税を奨励しているわけではない。これが事実なのだ。

日本の税の歴史を源流まで遡《さかのぼ》って見てみると、西暦701年の飛鳥時代に完成した大宝律令で、当時の税制を確認することができる。租・庸・調なんて言葉を小学校か中学校で習った記憶がみなさんにもきっとあると思う。

国税庁のホームページにある「税の歴史」によると、「租は男女の農民に課税され、税率は収穫の約3%でした。庸は都での労働（年間10日間）、又は布を納める税、調は布や絹などの諸国の特産物を納める税だった」そうだ。

その後、時代によりコメの年貢になるなどの変遷を経て、明治時代からは法人税や所得税が導入され、納税が貨幣により行われることになったとある。現在は、口座振替やクレジットカードで納税できるようになった（税目による）。

そう、日本の税は１３００年以上も前から制度として「あった」のである。税があれば、それをごまかそうとする人間も出てくる。税にこれだけ長い歴史があるにもかかわらず、現在になっても脱税はなくなっていない。なぜか？

おそらく次の３点が実現しなければ、きっと脱税を含む申告漏れはなくならない。

①納税者が申告漏れをしない申告をする
②当局が申告漏れをさせないように完ぺきな執行をする
③申告漏れがないようなパーフェクトな制度にする

果たしてこのような行動、執行、制度が可能だと思われるだろうか。私にいわせれば、脱税をなくすことはほとんど不可能なのである。少なくとも②と③については私も元国税の人間だ。公平で公正な税制、納税者のモラル、税務当局の能力、国際税務のループホール、複合的な理由から完ぺきな徴税が無理難題であることぐらい理解している。

アメリカ第7代大統領アンドリュー・ジャクソンの言葉に、次のようなものがある。

「人間の知恵が発達したとはいっても、いまだに公平な課税方法を考え出していない」

約200年前の大統領だ。とても重い言葉ではないか。

序章に小学校の税金教室の話を書いたが、小学生でさえ知っている税の重要性を、脱税するロクでもない大人は知らないのだろうか。いや、実はそうではないのかもしれない。

脱税する大人たちは、むしろ制度や執行をよく勉強して（あるいは脱税支援業者から提案されて）、これなら租税回避できると判断して実行している。最近では、悪いヤツらというよりも、彼らはただの「大人の知的ゲーム」として楽しんでいるのかもしれないと私は思うようにもなっている。

本書を読んだみなさんならおわかりいただけたかと思うが、国際税務を利用した租税回避はインテリでなくては考えつかないし、プロモーターに対する報酬や海外拠点を維持する費用を出せる富裕層でなければスキームを遂行できない。つまり「持てる者」が楽しめるゲームなのかもしれない（もちろん許されるものではないが）。

国際的租税回避の防止策として、最近は「グローバルタックス」という考え方も出てきている。タックスヘイブンを悪用するなどの不平等を解消するために、世界徴税とその再分配を実現しようというものだ。理想としては素晴らしいが、近未来の実現は困難である。税＝政治であるとともに、徴税は各国の専権事項だからだ。

第二章でも登場したＢＥＰＳ（税源浸食と利益移転）などの国際協力をしなければなし得ない分野もあるが、結局のところ直接の効力があるのは参加国ということになる。現実的には、自国の税務当局に適正な徴税を執行してもらうしかない。

日本の税務当局は、第一章で紹介したようなドメスティックな執行には一定の評価がある。ただマルサに摘発されるようなドメスティックの脱税は、見事に証拠を残しているのだからやはり稚拙な手法だ。お世辞にも頭をフル回転させた手口ではない。

問題はやはり国際化する租税回避スキームに当局がどのように対処するかだろう。国際税務となると、まだまだ人材不足感が否めない。ソトに目を向けて職務に従事している人は当局にいったい何人いるだろうか。５％もいないのではないか。

本当に頭のいい人はタックスヘイブンなどの「ソト」を使って租税回避スキームを実行する。国際的租税回避スキームに関係する人たちは、自分たちがしていることをせいぜい節税くらいにしか思っていないのか、日本の税務当局を完全にナメきっている。バレないからと、意気揚々としている輩がたくさんいるのだ。そんな世の中がいいわけがない。

そもそも所得税や相続税は、「富の再分配」という大切な機能を期待されているはずだ。金持ちから徴税して、そうでない人に分配する。金持ちに生まれれば、バカでもアホでも努力しなくても金持ちになれる。挽回のチャンスがないのでは、どこかの独裁国家と同じである。そんな格差社会は誰も望んでいない。少なくとも、金持ちでない人は望まない。

国内だけでなく、世界を取り巻く税制の在り方が議論されている。もちろん執行する当局側も変化に対応しようと日々努力している。本来、日本の税務当局の業務水準は高い。アジアの税務当局を見る機会が増えて、さらにそう思うようになった。

今後の当局の「結果」に期待したい。

最後になるが、本書の刊行にあたってはNHK出版の久保田大海さんに大変お世話になった。感謝いたします。

2017年8月

佐藤弘幸

校閲　鶴田万里子
DTP　㈱ノムラ

佐藤弘幸 さとう・ひろゆき
1967年生まれ。元東京国税局・税理士。
プリエミネンス税務戦略事務所代表。
東京国税局課税第一部課税総括課、電子商取引専門調査チーム、
統括国税実査官(情報担当)、課税第二部資料調査第二課、
同部第三課に勤務。
主として大口、悪質、困難、海外、宗教、電子商取引事案の
税務調査を担当。2011年、東京国税局主査で退官。
著書に『国税局資料調査課』(扶桑社)、『税金亡命』(ダイヤモンド社)
がある。TV、雑誌のコメンテーターとしても活躍している。

NHK出版新書 526

富裕層のバレない脱税
「タックスヘイブン」から「脱税支援業者」まで

2017(平成29)年9月10日　第1刷発行

著者 佐藤弘幸 ©2017 Sato Hiroyuki

発行者 森永公紀

発行所 NHK出版
〒150-8081東京都渋谷区宇田川町41-1
電話 (0570) 002-247 (編集) (0570) 000-321(注文)
http://www.nhk-book.co.jp (ホームページ)
振替 00110-1-49701

ブックデザイン albireo

印刷 慶昌堂印刷・近代美術

製本 藤田製本

Printed in Japan ISBN978-4-14-088526-0 C0236

NHK出版新書好評既刊

「あなた」という商品を高く売る方法
キャリア戦略をマーケティングから考える
永井孝尚
転職や昇進などキャリアアップの方法を、さまざまなマーケティング手法から、わかりやすく解説。本書を読めば「あなた」の市場価値は10倍になる!
524

外国人労働者をどう受け入れるか
「安い労働力」から「戦力」へ
NHK取材班
外国人の労働力なくしては、もはや日本の産業は立ち行かない。現代日本のいびつな労働構造を乗り越え、「共存」の道筋を示す。
525

富裕層のバレない脱税
「タックスヘイブン」から「脱税支援業者」まで
佐藤弘幸
富める者ほど払わない——マルサを超える最強部隊と呼ばれる元国税局資料調《リョウチョウ》査課の著者が、富裕層のあらゆる脱税の手口を白日のもとにさらす!
526

がん治療革命の衝撃
プレシジョン・メディシンとは何か
NHKスペシャル取材班
進行がんの患者の余命を五年以上に延ばせる時代が来た。遺伝子解析でがんを叩く〝革命的〟治療とは? 大反響を得たNHKスペシャルの出版化。
527

23区大逆転
池田利道
都心の圧勝はいつまで続くのか。コスパ抜群の台東区・江東区、伸び代が大きい足立区・北区など、最新のデータから「次の勝者」を読み解く。
528